宗教対立を克服する方法

幸福の科学的「宗教学」入門

Kazuyuki Kaneko
金子一之［著］

HSU

宗教とは何か——序にかえて

高度な学問性を持った「幸福の科学教学」

「一つの宗教しか知らない者は、宗教を何も知らないのである」とは、「宗教学の祖」とも言われる**マックス・ミュラー**の言葉です（フリードリヒ・マックス・ミュラー著『比較宗教学の誕生』二三〇頁）。

これは、「一つの言語しか知らない者は、言語を何も知らないのである」というゲーテの言葉のレトリックですが、サンスクリット語をはじめ、複数の言語に精通した言語学者でもあったミュラーは、言語の比較から世界の諸宗教を研究するという学問を編み出しました。これが、近代の新しい学問「宗教学」のはじまりです。

フリードリヒ・マックス・ミュラー

一八二三－一九〇〇。イギリスの比較言語学者、比較宗教学者。

現在では「比較宗教学」と言われているものですが、本書でも比較宗教学的アプローチを多用しています。なぜかというと、このアプローチは、幸福の科学が〝得意〟としている真理探究の方法でもあるからです。

大川隆法・幸福の科学グループ創始者兼総裁（以下、大川隆法総裁）は、「**公開霊言**」として、四〇〇書を超える霊言集を出されています（二〇一六年八月時点）。ここでは、宗教に限らず政治・経済・文学・芸術など、過去に活躍したあらゆるジャンルの偉人たちが、自らの思想を直接語り下ろしています。なかには異なる意見も含まれており、それらを比較しながら三角測量を行うように、「何が正しい考え方なのか」ということを立体的に探究しています。

また、幸福の科学の初期にも宗教家の霊言が数多く発刊されましたが、これらをテキストにして、一九八七年～九〇年にかけて行われたセミナーや研修会では、比較宗教学的方法を用いて取り組んでいたと言えます。たとえば、一九八八年の五月研修「悟りの原点を探る」では、「**道元**《どうげん》」と「**親鸞**《しんらん》」の思想

公開霊言
大川総裁があの世の霊や生きている人の守護霊を招霊し、その思想や考えを語らせる霊的秘儀を映像・書籍などで公開しているもの。

道元
一二〇〇-一二五三。鎌倉時代の禅僧。曹洞宗の宗祖。

を比較して、仏教の二大思想である「自力と他力」の関係性や本質を探りました し、同年九月には、「愛と悟りを考える」というテーマで「**釈迦**」と「**キリスト**」の思想を比較し、幸福の科学の思想との融合について研究しています。

つまり、他の宗教との差異や共通点、その特異点などをあきらかにしつつ、「宗教とは何か」というその本質を探る、極めて学問的、あるいは宗教学的アプローチを取っているのです。ここが、幸福の科学教学には高度な学問性が含まれているといわれる所以《ゆえん》です（もちろん、ミュラーのような文献学的方法とは異なりますが）。

「宗教の起源」から宗教の本質を観るには

「宗教学」が興ってきた一九世紀には、「文化研究」によるアプローチから「宗教の起源」を探り、「宗教とは何か」をあきらかにする試みもなされてい

親鸞
一一七三-一二六二。鎌倉時代の僧侶で、浄土真宗の宗祖。

釈迦
前七世紀頃～同六世紀頃、インドで仏教を開いた。「アジアの光」といわれる。

イエス・キリスト
前四頃-三〇頃。キリスト教を開いた。

ます。その代表的学者としては、ミュラーと同じくオックスフォード大学で教鞭をとった、**E・B・タイラー**が挙げられると思います。タイラーはイギリスの文化人類学者で、「文化人類学の父」と呼ばれています。彼は、その代表作『原始文化』のなかで、宗教の起源としての「アニミズム」を提唱しました。

タイラーは、自然界のあらゆるものに霊魂が宿っていると考え、これをアニミズムと呼びました（タイラーのアニミズム説）。アニミズムとは、「アニマ（魂）」というラテン語をもとにタイラーがつくった造語です。超自然的・霊的なものへの信仰が宗教の基本的姿であるとし、そこから、多神教、一神教へと進化する、と考えたのです。他にも、「プレアニミズム説」（マレット）、「トーテミズム説」（デュルケム）、「原始一神教」（シュミット）、これらの学説を総合した説（デーゼルブローム）などが登場しています。

この時期は、ちょうどダーウィンの「進化論」が発表され広まったころでもあって、これらの「宗教の起源」についての考え方は、進化論の影響をそうとう受

エドワード・バーネット・タイラー

一八三二－一九一七。

けているようです。すなわち、人間が猿から進化したというように、宗教にも「原初的形態」というものがあって、それが未開の民族の信仰のなかに潜んでいると考え、それを探れば「宗教の起源」がわかるのではないかという考え方です。

このように、歴史的に観て「宗教の起源」への考察は、「宗教学」の一大テーマと言えます。

この「宗教の起源」については、幸福の科学でも創立者の大川隆法総裁は二一〇〇書（二〇一六年八月時点）を超える経典群のなかで、さまざまな角度から考察されています。その結果、従来の宗教学で言われているような方法、つまり地上の痕跡を積み上げる方法だけではすべてを説明できないし、やはり限界があることがあきらかになっています。

幸福の科学教学であきらかにしている「宗教の起源」とは、要約すれば以下の二点になります。

一　天上界から、神の代理人として救世主、預言者といわれる高級神霊が地上に送り出されて、その時代、その地域に生きる人びとにあった教えが説かれる。すなわち、「宗教の起源」は、仏が地上に光の大指導霊を送り込み、その心を教えとして人びとに説かせたところにある。

二　したがって、自然発生的に宗教が生まれたり広まったりするものではない。強力なエネルギー磁場を形成する「プロの宗教家」が出なければ、新しい教えは広がらないからである。

（『宗教選択の時代』『伝道の心』『悟りの挑戦（下巻）』他参照）

こうしてみると、「宗教とは何か」に対する一つの見解をあきらかにできます。結局、宗教とは、この大宇宙を創り、人間を創られた**根本仏**《こんぽんぶつ》（創造主）の心を教えとして地上に降ろし、それを弘《ひろ》めることによって、仏の願われる理想社会、ユートピア世界を実現するものと言えるのです。

根本仏
人格を持たない巨大な創造エネル

「聖なるもの」としての宗教

また、「宗教学」においては、「宗教とは何か」という問いに対し、「この世の営みを『聖なるもの』と『俗なるもの』にとらえなおし、『聖なるもの』を示すものである」と説明されることがあります。

ドイツのプロテスタント神学者・**オットー**の『聖なるもの』や、宗教学者・**エリアーデ**の『聖と俗』もこのテーマを扱ったもので、宗教学的論点の一つです。オットーは「人間の神性から生ずる霊的なるものとしてのヌミノーゼ」（神性を示すラテン語「ヌウメン」から派生したオットーの造語）を、エリアーデは「聖なる空間としての祭儀」「聖なる時間としての神話」を、それぞれ「聖なるもの」と説明しています。

もっと端的に「聖なるもの」を示すとすれば、「仏」であり「神」そのものでしょう。しかし問題は、さまざまな宗教にある「神とは何か」ということが

ギー。幸福の科学教学においては二〇次元以上の存在といわれている。

ルドルフ・オットー

一八六九-一九三七。ドイツの哲学者、宗教哲学者。

理解・整理できないために、無用な憎しみあいや争いが起きていることではないでしょうか。そこで、第6章では「神概念」についての研究を説明します。

その意味で、本書のタイトル「宗教対立を克服する方法」は、非常に現代的な国際政治のマターであることはもちろんですが、「宗教とは何か」という根源的問いに対する応答にもなると言えるのです。

その解決は、本来、政治学でも経済学でもなく、「宗教学」こそが担うミッションであるべきだと思います。現在、とくにアメリカのワールド・トレード・センターが倒壊した九・一一事件以降、宗教学者の間でも、宗教対立の問題について、さまざまな角度から、真摯《しんし》な議論・研究がなされています。それを幸福の科学教学から観たならば、どのような解決のための道筋が立てられるのかに挑《いど》んだのが本書です。

また本書は、二〇一五年四月に日本発の本格私学として開学したハッピー・サイエンス・ユニバーシティ（以下、ＨＳＵ）で筆者が担当した「宗教学入

ミルチャ・エリアーデ

一九〇七-一九八六。ルーマニア出身の宗教学者、民俗学者、作家。

主著『世界宗教史』（全三巻）／筑摩書房

門」の講義の草稿をもとに、一般読者も想定して再構成し、加筆・修正を加えたものです。本書が多少なりとも、みなさまのお役に立てたならば、それは、真剣かつ熱心に本授業を聴講されたＨＳＵ生の力です。

そして、本書は言うまでもなく、大川隆法総裁が惜しみなく説かれ続けている人類の至宝である仏法真理を骨格として成り立っています。ここには、大川隆法総裁の説かれる真理の大海の一滴しか示せておらず、わが非力さを痛感する思いですが、ささやかながら、仏の光を点ずることをお許しいただきましたことにこの場を借りて深謝し、序にかえさせていただきます。

宗教対立を克服する方法——幸福の科学的「宗教学」入門　もくじ

もくじ

第3章 キリスト教とイスラム教が対立し続けるほんとうの理由
――「宗教対立」克服への道

第4章　人間は原罪を背負った「罪の子」なのか
——人間を苦悩から解放する「罪と救い」の関係

第5章 宗教による世界平和は、ほんとうに実現できるのか
――いま求められる、新しい「宗教的寛容論」

第6章 神とは何か

──「開祖の悟り」の比較であきらかにする「正しい神概念」

※文中、特に著者名を明記していない書籍については、原則、大川隆法著となります。

「無宗教は常識」は、どこまで通用するか

――あえて問う、「宗教必要論」

第1章

「宗教が、この世に、さまざまな紛争や混乱を生んでいる」
と言われる時代において、幸福の科学は、
「宗教を善なるものとして打ち立て、推し進める」
ということを目的としています。
「宗教は善なるものである」という、宗教本来の姿が、
日本国中や全世界の人々に理解され、
納得されることを求めています。
そして、「その宗教のもとにある『一《いつ》なるもの』
『根源なるもの』は、いったい何であるか」ということを、
今、教えているのです。(中略)
世界の人々に、今、光を届けようとしているのです。
ぜひとも、
「宗教は善なるものであり、弘《ひろ》めるべきものである」
という考え方を広げていきましょう。
素晴らしい宗教を打ち立て、
世界の人々に未来を約束しましょう。
それが私たちの使命なのです。

『救世の法』34–39ページ

◇共産主義国と肩を並べる日本人の宗教意識

みなさまは、「宗教」という言葉に、どのようなイメージを持たれるでしょうか。たとえば、「**オウム真理教**」のイメージに結び付いた方は、一九九五年三月に、六〇〇〇人以上の被害者を出した「地下鉄サリン事件」を思い出し、「怖い」という印象を持ったかもしれません。あるいは、現代の日本では、「無宗教こそ常識」と考える精神風土がある（池上良正他編『宗教とは何か』編集にあたって）とも言われているように、関心自体が薄い方もいるでしょうか。

確かに、「無宗教こそ常識」（注）という日本人の意識を裏付けるデータがあります。これは、HSU生が研究発表のなかで紹介していた「世界の宗教人口」についての調査で、私も「なるほど」と思い、改めて調べてみました。上位五位を見てみると、

オウム真理教
原始仏教を騙り、一九九五年前後、地下鉄サリン事件などのテロ・犯罪を行った宗教団体。

①二二億人（キリスト教）
②一六億人（イスラム教）
③一一億人（　　？　　）
④一〇億人（ヒンドゥー教）
⑤五億人（仏教）

となっています（仏教の信者数は、三億～四億人と言われることも多いが、ここでは本調査の発表によるデータを記載）。以下は民族宗教などが続いていて、なんらかの宗教を信じていることが世界の多数派であることを示しています。

③の（　　？　　）には何が入るのかといいますと、「無宗教」なのです。問題は、この〝内訳〟です。このうち、無宗教が人口の五〇％を超える国が五カ国あります。それは、中国、北朝鮮、チェコ、エストニア、日本です（国際ピューリサーチセンターフォーラムの調査、二〇一二年。ロイター通信の報道

では、香港《ホンコン》も加えて六カ国とされていたが、香港は独立した国ではないので除外している)。これらの国には、ある共通した特徴があります。それは、「日本を除き、共産主義国もしくは元共産主義国」という点です。

ですから、この国の並びを見ると、「日本も社会主義国か共産主義国だったのかな」と錯覚してしまいそうです。実際、「日本は最も成功した共産主義国」という説もあり、経済評論家の**長谷川慶太郎**氏も『世界が日本を見倣《みなら》う日』のなかで、もし**レーニン**が生きていて、国民に大きな格差がなく平等でありつつ繁栄しているこの日本の姿を見たならば、「同志諸君、日本こそ正真正銘の共産主義国家だ、日本に学べ」と叫ぶに違いないと述べていました(前掲書、二七頁)。しかし、思想面でも無神論・唯物論の国と同質に見られるとしたならば、あまり名誉なことではないでしょう。

長谷川慶太郎
一九二七-。経済評論家、国際エコノミスト。

ウラジーミル・レーニン
一八七〇-一九二四。社会主義国家・旧ソビエト連邦の初代最高責任者。

◇人間と動物を区別する宗教の有無

こうした大方の日本人の意識と同様に、学問としての「宗教学」にも、経済学や政治学などの現実の世界に近い学問と比べると、関心は低く、地味なイメージがあるかもしれません。

しかし、HSUで開講した「宗教学入門」は、おかげさまで人気授業の一つになっていて、初年度の二〇一五年は、大講義室に毎回百数十名（入学者の半数）がしっかり参加してくれていました。

この教室の様子を見つめながら、「HSUの学生たちと、日本の常識としての『宗教』へのイメージや関心の違いは何だろうか」と考えていました。

その理由はおそらく、志です。彼ら・彼女らは「**高貴なる義務**」を抱いて、「世界のリーダー人材」となることを本気で考えているので、「宗教を学問と

高貴なる義務
高い地位や身分に伴う、公への義務のこと。ノーブレス・オブリージ。

して学ぶことは、世界で戦う現実的武器になる」ことを〝知っている〟からだと思います。つまり、学問として「宗教」に接近するためには、学習する意義を知ることが必要なのだと思います。

「宗教」を学ぶ第一の意義は、「『宗教』を尊ぶことや『信仰』を持つことは、『人間の条件』である」という世界の常識を知ることにあります。

戦前から戦後に活躍された宗教学者・神道学者の加藤玄智《げんち》博士が『宗教学精要』のなかで、「動物の間には、宗教行事によく似たものがないではないが、宗教というべきものはない。しかし、いかに未開の民族であろうとも例外なく『宗教』が存在することが、公平無私な宗教学者の研究の結果、辿り着いた定説である」という主旨のことを述べていました（前掲書、九二頁）。

タイラーも、代表作『原始文化』において、文化程度の低い民族には宗教が存在しないと主張する学者の説を一つひとつ批判しつつ、「実際には無宗教の種族は見出されない」と結論付けています（前掲書、九六－一〇〇頁）。

つまり、世界の人びとの大多数が宗教を尊んでいるということは、**「宗教の有無こそ、人間と動物を分けるものである」という考え方が、「世界のスタンダード」**なのです。

ＨＳＵの学生たちが、一心不乱に「宗教」を学ぶ姿には、日本人の感覚から見れば、少し奇妙な印象を持たれるかもしれません。しかし、世界の常識から見れば、「人間の条件」である「宗教」の学びに情熱を傾けているＨＳＵの学生たちが常識的教養人で、宗教に無関心だったり、距離を取ろうとしたり、否定したりする日本人の感覚こそ、〝奇妙〟であるのです。

◇宗教を知ることは、グローバルに活躍するための必須の教養

宗教を学ぶ第二の意義は、さまざまな**宗教を深く理解することが、国際人材として活躍するための条件となる**という点です。

現在、外資系企業で活躍される方、海外に出張したり現地でビジネスに携わる方は大勢いらっしゃいます。あるいは日本企業でも海外の方が働いている職場がたくさんあります。ですから、日本が「鎖国《さこく》政策」にでも転換しない限り、今後ますます日本社会がグローバル化していくことは間違いありません。各企業でもそれを見据えて、入社や昇進の基準に、TOEICなどの点数を加えています。最近では英語だけではなく、「ビジネスマンとして国際的に活躍したいなら宗教を学びなさい」とも言われています。

Chapter 1

国内・海外にかかわらず、今後は益々《ますます》さまざまな国籍の人たちと一緒に仕事をするようになります。そして、彼らの思考や行動の背景には必ず宗教があります。ですから、宗教を学んでおかないと彼らを理解し交わることができず、仕事にならないのです。

少し古い話になりますが、高度成長を経て、日本の貿易黒字が大きく拡大した一九八〇年代、日本と欧米の間で、いわゆる「貿易摩擦《まさつ》」問題が燃焼していました。自動車産業をはじめ、日本製品のクオリティは高く、海外で非常な勢いで売れていたのです。欧州などは、この日本製品の輸出攻勢に脅威を感じ、「集中豪雨的輸出」といって世界経済の問題になったのです。その時に日本人に向けられたものが、「エコノミック・アニマル」という言葉でした。〝アニマル〟ですから、「人間とは見做《みな》したくない」ということだったのではないでしょうか。

その原因には、国際社会のなかで、日本人が経済的利益ばかりを求める利己的な存在に映ったこともありますが、言語の壁や各国の文化の背景にある宗教への理解不足という問題もあったと思うのです。宗教は、その個人のアイデンティティそのものですから、「**宗教リテラシー**」が身についていないと相手を理解できず、自分が何者かもわかりません。その結果、アニマル扱いされるわけです。

第二次大戦敗戦後、ＧＨＱの政策で「**国家神道**」が否定され、教育の現場から宗教が追放された結果、日本人の宗教の教養が失われたのだと思います。なかでももっとも大きな痛手は、日本の歴史、及び『古事記』『日本書紀』などの「日本神話」そのものをも否定してしまったことでしょう。

宗教リテラシー
それぞれの宗教を理解・分析する力。

国家神道
明治維新以降、国家の体制と一体となった神道のこと。

◇「神話」を否定する国は滅びに至る門をくぐる

冒頭で、いかなる民族にも宗教が存在し、信仰を持つことが人間の条件であることを述べましたが、その宗教には、「この世界や人間はいかにして創造されたか」という人類の普遍的問題が必ず提起されています。これに答えるものが「起源神話」と言われるものです。ドイツの民族学者・カール・シュミッツは、この「起源神話」を、

①世界創造の「宇宙起源神話」
②人類創造の「人類起源神話」
③文化創造の「文化起源神話」

の三つに分類しています。

また、宗教学者のエリアーデは、神話とは本質的に、神によって創造された

人間の起源を語るもので、人間は神話によって時間的・空間的な方向付けを行い、存在の根拠を示し、存在の不安を解消すると言います。そして、神話の語る創造の時、原初・始原こそが完全な状態であり、神話や儀礼は人類原初の「楽園状態」を再現しようとするものというように、人類の幸福の源泉と考えているようです（松村一男著『神話学講義』／大林太良著『神話学入門』他参照）。

日本の神話にも、古代の神々の生き生きとした活躍や国づくりなどが描かれていて、日本及び日本人の起源というものを示しています。

したがって、これらを否定することは、まさに神を否定する「無神論国家」になることであり、人間の起源を否定する集団自殺を意味しています。

大川隆法総裁は、「宗教教育」としての「神話」の重要性を次のように述べられています。

歴史家のアーノルド・トインビーは、「十二、三歳くらいまでに民族の神話を学ばなかった民族は、例外なく滅んでいる」と言っています。「神話」という言葉を使いましたが、これは、「宗教教育」と言ってもいいかと思います。

宗教教育なり、人間としての本質的な生き方、正しい生き方のようなもの、あるいは道徳教育でもいいですけれども、そうした教育を子ども時代に受けていない民族には、未来がないというふうに考えていいと思うのです。

「子どもの未来を開く潜在意識開拓法」「アー・ユー・ハッピー?」
二〇一三年一一月号：通巻一一三号

なぜ、これほどまでに「神話」を学ぶことが重要なのか、その意義を三つほど挙げて考えてみたいと思います。

アーノルド・トインビー
一八八九-一九七五。イギリスの歴史学者。

◇神話を学ぶ第一の意義
——子どものうちに学べば、情操教育や宗教教育になる

昔は「神様やご先祖様といった目には見えない存在が見守ってくださっている」と家庭や学校で教わることで、子どもたちには自然と自制心が育まれていきました。現代ではそうした教育がされていないため、自らを律して人格を高めていく大切さが十分に伝わっていないように感じます。

神々の話をまとめた神話には、宗教心や道徳心を養う力があるため、幼いころから神話にふれることは、その後の人生によい影響を与える情操教育にもなります。神話は、宗教的な人間になるための〝心の遺伝子〟をつくってくれるのです。

また、神話は「物語」になっていますから、難しい教えはわからない子ども

が聞いても自然と心に残ります。私も、子どものころに読んだ日本神話にあった、「日本武尊《やまとたけるのみこと》が亡くなったあとに白鳥になって飛んでいった」というシーンを覚えています。美しい情景とともに感じた神様の神々しさや、「日本武尊様は尊い方なんだ」という実感は、大人になったいまも強く心に刻まれています。

◇神話を学ぶ第二の意義
――国や民族に対する誇りや、愛国心を養う

先にも触れたように、神話は、その国の起源や創世記を含んでいます。つまり、その国の神話を大切にすることは、自分の生まれた国に対する誇りや愛国心を育てることになるはずです。

日本武尊
三世紀-四世紀頃。日本神話の英雄。第十二代・景行天皇の皇子として生まれ、九州や中国地方、東国を平定したとされる。

逆に、自国の神話を学ばず、愛国心のない国民が増えれば、まさにトインビーの言うようにその国や民族の未来はありません。

戦後の日本には自虐史観が強く刷り込まれ、学校でも家庭でも、日本の神話を教えなくなりました。「戦前の教育や宗教観は間違っていた」という声もありますが、その考え方は、くり返しになりますが、これまで日本を護り、導いてこられた日本の神々を否定することと同じです。

科学的でないから神話には価値がないという考えもあります。しかし、科学的根拠がなくとも長く語り継がれてきたのは、そのなかに人間にとって大切な真実があり、話の原型となるものがあったからです。

近年『古事記』が注目され広く読まれるようになったのは、江戸中期の国学者・**本居宣長**《もとおりのりなが》が三五年かけて編んだ『古事記伝』が世に出てからだと言われています。宣長は、他の学者が何と言おうと、『古事記』に書かれていることはすべて真実であると考えていました。自分たちの時代の価値観で判断するので

Chapter 1

はなく、『古事記』が書かれ、それを信じた時代の人たちの心を大切に『古事記伝』を書いたそうです。（R．ベラー著『徳川時代の宗教』／小林秀雄著『本居宣長』『本居宣長（下）』参照）

そのようにして、日本人の心の美しさや正統な神々の歴史を伝えようとした、古人たちの情熱に思いを馳せながら読めば、神話に込められたメッセージが、素直に心に伝わってくるはずです。

◇神話を学ぶ第三の意義
――目標とする存在ができ、努力する精神が育まれる

神話には、自分の国を創った神の話や、神や英雄が苦難や困難を乗り越えて

本居宣長

一七三〇－一八〇一。日本の国学者。日本最古の歴史書『古事記』を研究し、『古事記伝』を著す。

活躍した話などがたくさんあります。神話学者の**J．キャンベル**も言っているように、神話は一種の「英雄物語」でもあるのです。子どものころから神話に親しんでいると、「人生の壁に直面した時も、神話の英雄のように、この壁を乗り越えていこう」という勇気やチャレンジ精神が出てくるのではないでしょうか。偉人たちに自分たちも見習おうという心が育まれ、そこから努力精進の精神が生まれると思います。

また、神話には夢やロマンがあり、理想を描く力も与えてくれます。ドイツの考古学者・**シュリーマン**は幼少時、ギリシャ神話に夢中になり、伝説の都市トロイが実在すると信じて考古学と語学を学び、数十年後、ついにトロイ遺跡を発掘しました。幼いころの純真で素直な心を持ち続けたからこそ、なしえた事業だろうと思うのです。

そのピュアな心は、宗教的人間になるための鍵でしょう。「幼子のような心でなければ、天国の門は開かない」と『聖書』にありますが、神話を信じる力

ジョーゼフ・キャンベル
一九〇四-一九八七。アメリカの神話学者。

ハインリヒ・シュリーマン
一八二二-一八九〇。トロイ遺跡を発見したドイツの考古学者。

は、まさに、天国の門を開く心を教えてくれるのではないでしょうか。

◇人間の普遍的苦しみ「貧・病・争」の解決を担ってきた「宗教の救済」

「神話」の意義から宗教の持つ教育的効果について触れてきましたが、さらに、「心の救済」という宗教の本道からも、宗教そのものの意義について探ってみましょう。

宗教についても、一般的に幸福論の概論を述べるのは、そう簡単なことではありませんが、宗教学者等の総合的な意見としては、「宗教とは基本的に、貧・病・争を解決するものだ」と言われています。

どの宗教も、いろいろ独自の教義を編んだり、独自の行動論、活動論を持ってはおりますが、要約すれば、「宗教というものは、貧・病・争の解決が基本的な課題である」ということです。

『幸福学概論』一九―二〇頁

宗教の基本課題は、「貧・病・争」の解決であると言われています。「貧」とは、貧しさから生ずる悩みや苦しみ、不安などの不幸感覚でしょう。「病」とは、文字通り「病気」による苦しみです。「争」とは、欲望や嫉妬《しっと》に基づく個人的な争いからはじまり、組織、国家、民族の対立などから生まれる苦しみです。

この三つは、人間の苦しみの原因になっているものの代表でもあって、現代社会も含めて歴史上消えることがありませんでした。言葉を換えれば、「貧・

病・争」の解決は、「どうすれば不幸な状態から抜け出し幸福になれるか」ということでもあり、歴史上、宗教が中心的に担ってきた使命そのものです。つまり、「貧・病・争」を中心とする不幸の解決に成功しなければ、その宗教の教勢は伸びないというわけです。

たとえば、伝統宗教である仏教とキリスト教を見ても、「貧・病・争」の解決は、しっかりと教義に組み込まれていることがわかります（図表1）。

また、人びとを苦しみ、悲しみから解放しようとする宗教の救済方法について、仏教の各宗派を比較してみると、浄土宗・浄土真宗のような「念仏」による救済を中心とするものや、座禅によって心の平安を得るものなど、それぞれに違う特徴を持っています（図表2）。

図表1

代表的宗教に観る貧・病・争の解決

	仏教		キリスト教
貧	少欲知足 布施	貧	プロテスタンティズム
病	色心不二 (中道、智慧)、瞑想	病	信仰の力による 奇跡
争	平静心 慈悲	争	自己犠牲的な 愛の行為

キリスト教では、カトリックやプロテスタントの他、「セクト」と呼ばれる少数派の宗教運動がいくつも存在していますが、これらは、教会（正統派）の救済方法（制度化された儀礼と手続き）を拒否し、独自の救済方法のもとに活動しているものです（図表3）。

こうして見ると宗教は、「救済方法の違いによって宗派が分かれている」とも言えるのです。

◇宗教社会学的に観た「宗教の救済」

また、「**宗教社会学**」の立場から「宗教の救済」について述べたものに、「宗教への入信動機（救いを求める動機）」から理論付けた、C．グロッ

図表2

仏教の宗派と救済方法

浄土真宗	口称念仏《くしょうねんぶつ》（南無阿弥陀仏《なむあみだぶつ》）
日蓮宗	法華経《ほけきょう》至上主義（南無妙法蓮華経《なむみょうほうれんげきょう》）
曹洞宗	只管打坐《しかんたざ》（黙照禅《もくしょうぜん》）

図表3
キリスト教の「セクト」に見る救済の考え方

回心主義派（ペンテコステ派）	心情体験による救済
革命主義派	内面的変化の体験の要求ではなく、世俗（社会）の変化を要求する
内省主義派	世俗的悪から自己を切り離すことで救済を求める
マニピュレーショニズム	超自然的、秘儀的手段を使用することで、現世が操作できる
奇蹟派、改革主義派	奇蹟による救済、宗教的洞察力を用いて社会組織を改善する
ユートピア主義派	宗教的原理に基づいて急進的改造の基礎を求める態度によって、救済を追求する（社会による救済）

B. ウィルソン著『セクト ―その宗教社会学』参照

宗教社会学
宗教現象を社会学的側面から研究する学問。宗教と他の社会制度との相互関係などを分析する。

ク氏の「相対的価値剝奪理論」というものがあります。

①経済的剝奪（貧困）
②社会的剝奪（教育、性別、年齢、職業、地位、身分）
③有機体的剝奪（病気、障害）
④倫理的剝奪（自分の価値観と社会の価値観の相克）
⑤精神的剝奪（慢性的な虚無感）

（黒川白雲編著『HSUテキスト5 幸福学概論』二〇五－二〇六頁参照）

日本の新宗教に対する分析もあります。グロックと同様の見方から、日本の新宗教への入信動機を「貧・病・争」で分析し、これを「生活上の剝奪体験」とする見方です。

これによると、日本の新宗教への入信動機は、具体的な生活危機を解決する

チャールズ・グロック
一九一九－。コロンビア大学の宗教社会学者。

「現世利益」的傾向が強いようです。先述の「相対的価値剝奪論」が、観念的な「意味の喪失」（あるいは、近代のキリスト教文化圏的な「生の意味の追求」）を示していることに対して、生活手段の確保に相対的優位があると言うわけです（芦田徹郎著『祭りと宗教の現代社会学』二三九―二四〇頁参照）。

確かに、この分析の通り、日本の新宗教には現世利益を強調するものが多いので、とくに戦後の日本の宗教意識を表していると思います。しかし私は、この二つの〝剝奪理論〟を見て、いささか気になった点があります。

それは、この分析に共通する「人間観」です。すなわち、宗教に入信する人を、社会から価値を剝奪された〝弱者〟と位置付けているように思えることです。これは、宗教に頼る人は「弱い人たち」であるという、よくある〝偏見〟とも共通しているのではないかと感じるのです。

したがって、これには「異議あり」としなければなりません。

◇「宗教の救済」を実現する、幸福の科学の基本教義「幸福の原理」

では、幸福の科学が考えている「宗教の救済」と、その根底にある人間観はどうなっているのでしょうか。

幸福の科学における「苦しみ」の解決方法は、基本教義である「**幸福の原理**」＝現代の四正道（愛・知・反省・発展）にあります。

「人間を幸福にする四つの原理」と言いつつも、これは実は、「悟りに到る四つの道」でもあるのです。「悟りに到る四つの道」ということは、裏を返せば、「苦悩、悩みから脱却するための四つの方法」ということでもあります。

Chapter 1

幸福の原理

幸福の科学教学の中心的な思想で、人間が幸福になるための原理のこと。愛・知・反省・発展の四つの原理からなる。

『幸福の法』一三二―一三三頁

「幸福の原理」を「個人の不幸からの脱却」という側面から見るならば、「愛の原理」とは、**奪う愛**の苦しみからの脱却です。「知の原理」とは、**無明**《むみょう》からの脱却を意味します。「反省の原理」は、この世的執着を断ち、悪霊の影響を排除すること、「発展の原理」とは、この世とあの世を貫く幸福の実現ということになります。

これらの各原理を学び実践すれば、「悟りという名の幸福」に到ることができます。すなわち、「自分で自分を救うことができる道」に入り、人から救われる側ではなく、人を救う側の人間に変わっていくことができるのです。人を救う側の存在を「天使」「菩薩」「如来」というのです。

このなかの「知の原理」や「発展の原理」は、現代的宗教・幸福の科学の大きな特徴ですが、「愛の原理」と「反省の原理」は、世界の宗教に共通してい

奪う愛
人からもらうことで幸福になろうとする、偽物の愛。仏教でいう執着にあたる。

無明
真理を知らず、真っ暗闇のなかを手探りで歩いているような状態のこと。

る教えです。ですから、信仰心を持って宗教の教えを実践することは、神近き存在、多くの人びとを救済できる力強い人間になれる道であることをはっきり示していると思うのです。

◇「宗教は弱い人間がするもの」は、ほんとうか

さきほど私は、前述した宗教社会学的分析が宗教に入信する人を弱者と位置付けているように見えることが、宗教団体に所属している人は「弱い人たち」であるという偏見にもつながっているのではないか。そうであるならば、これには「異義あり」としなければいけないと述べました。

なぜならそれは、信仰に生きる人たちの、真実の姿を映し出していないと思

うからです。私は、「信仰」という言葉を考える時に、よく内村鑑三《うちむらかんぞう》という方を思い起こします。

内村の最初の著書に『基督《キリスト》信徒のなぐさめ』というものがあります。これは、「愛するものの失せし時」「国人に捨てられし時」「基督教会に捨てられし時」「事業に失敗せし時」「貧に迫りし時」「不治の病に罹《かか》りし時」という内容で、真のクリスチャンであるならば、このような苦しみのなかをいかに生くべきか、ということが自身の体験をもとに綴《つづ》られているものです。いわば、先ほど取り上げた「貧・病・争」の克服体験とも言えるでしょう。

これを読むと内村は、先ほどの宗教社会学的分析でみれば、〝価値を奪われ続けた人〟になると思うのです。

彼は「**不敬事件**」で一高教師の立場を奪われます。一高は、いまの東大の教養学部にあたるのですが、そのなかで校長、教頭につぐナンバー3だったとい

内村鑑三

一八六一-一九三〇。無教会派キリスト教の創始者。

います。しかし、不敬事件により国民から国賊《こくぞく》扱いを受けるわけです。家に石を投げられ、東大の学生からも、家のまわりで国賊呼ばわりされたようです。

この心労で奥様を亡くし、その後、最愛の娘ルツ子さんも若くして亡くします。失職し、職を転々としますが、明日の食事もままならず、まさに「貧の迫りし時」を味わっています。

社会的地位や名誉の喪失、経済的困苦、愛弟子《まなでし》の離反など、次々と、大切なもの、あらゆるこの世的なものを奪われ続けた人生でもありました。

しかし内村は、奪われても奪われても立ち上がります。彼は、『基督信徒のなぐさめ』のなかで、この時の心境について、このように述べています。

「あらゆる艱難辛苦《かんなんしんく》は、勇者を一層強くするための神の愛である。すなわち、すべてを失ったのではなく、すべてを与えられたのだ。だから、なにがあろうとも、すべて信仰を鍛えるための神の愛として、感謝で受け止めよ。それが、真の信仰者である。『勇者は一人にて立つとき最も強し』」と。

不敬事件

内村鑑三が、東大の前身である第一高等中学校で行われた「教育勅語」の奉読式で最敬礼をしなかった事件。

私には、ここまで徹底できる人は弱い人ではなく、強い人であると思えるのです。内村の強さは、言うまでもなくイエス・キリストへの信仰の力です。たとえ、もともとは心弱い人間であったとしても、信仰を持って生きることによって人は強くなれるのです。

◇宗教は善なるものであり、弘《ひろ》めるべきものである

人間の弱さはどこから生まれるかというと、恐怖心だと思います。最大の恐怖は何かと言えば、「死」への恐怖です。それを乗り越える方法は、人間の本質が肉体ではなく霊・魂であり、「永遠の生命」を神仏から与えられているこ

と、あの世の世界が実在であり、死してのち還る世界があるという真理を知ることからはじまります。

これらを教えているのが、真実の宗教なのですから、宗教心や信仰心なく生きている限り、「死」の恐怖を乗り越えること、人間の弱さを克服することは不可能です。

『父が息子に語る「宗教現象学入門」』には、このように説かれています。

宗教学が学問として有効に機能していないため、現代日本では宗教に対する誤解や偏見が横行している。

前掲書、まえがき

幸福の科学やHSUでの教育活動は、戦後の日本が、人間の条件としてもっとも大切な宗教を、社会の裏側に閉じ込めてきた価値観を変え、本来あるべき人間生活のメインロードに戻すための挑戦でもあります。

一言で言えば、「宗教は善なるものであり、弘《ひろ》めるべきものである」という言葉に集約されるでありましょう。

大川隆法総裁は、一九九二年に『宗教の挑戦』を発刊されましたがその意義として、このように述べられています。


この〝宗教の挑戦〟というのは、何に対する挑戦であるかというと、既成の価値観、このままでよいという考え方、あるいは昔から引きずっている考え方に対する挑戦です。つまり、宗教は淫祠邪教《いんしじゃきょう》的なものであるとか、つまらないものであるとか、人びとを困らせるものであるとか、そういう固定観念を持っている人がまだまだ多いので、その固定観念を打破するという意味での「価値観における挑戦」なのです。また、宗教によって、どこまで世の中を変えていけるか、世界を変えていけるかという、「宗教の可能性に関しての挑戦」でもあると思います。（中略）この本は、「本当の宗教というのは素晴らしいものだ」ということを言うために書かれています。

『「宗教の挑戦」講義』六－七頁

つまり、本来の宗教の尊さを取り戻し、価値観の大逆転を起こす「宗教革命」こそ、ＨＳＵで学ぶ「宗教学」の精神であるべきである、と考えているのです。

（注）無宗教には、無神論者だけではなく、特定の信仰や宗教に属さずに、超自然的な神秘の力や大宇宙の意志のようなものを信じる者も含まれている。

第2章

世界を騒がせている「一神教」の深層に迫る

――「一神教」は「多神教」より進んだ信仰形態なのか

彼らは、「一神教こそ高等宗教である」と考えます。
それはまず、モーセの説いた
一神教としてのユダヤ教から始まっています。
また、キリスト教については、
「『三位一体《さんみいったい》』を言っているので、
やや多神教のにおいがある」というように
イスラム教から言われてはいるものの、
ユダヤ教からの一神教の伝統を引いていますし、
「天なる父」は一人であるため、形態的には一神教です。
さらに、イスラム教も、
「アッラーのみが神である」と捉える
一神教の流れにあるでしょう。
そういう意味で、ここ二、三千年ほどは、
一神教はけっこう強い流れではないかと思います。

『日本神道的幸福論』20-21ページ

◇日本人が国際政治オンチである、ほんとうの理由

第二次大戦後、紛争が絶えない地域の一つに、中近東があります。とくに、イスラエルとアラブ諸国の対立がそうです。ニュースでも報道されていますが、なぜ、こうまで争いが延々と続くのか、日本人にはよく理解できない問題です。しかし、グローバル時代に突入している現在、この国際政治が読み解けないと、私たち日本人が国際社会の一員として生き抜くことは難しいでしょう。

実は、それを見抜くための目を与えてくれるものが「宗教」なのです。第1章でも触れたように、世界の文化や歴史、国のアイデンティティを築き、価値判断の根拠になっているものが、その国民が信じている「宗教」にあります。それは厳然とした事実です。

Chapter 2

日本人の一国平和主義的傾向や国際政治オンチの正体は、「宗教教育の欠《けつ》如《じょ》」に大きな原因があるとも言えます。逆に言えば、これから「宗教」を学び、理解することによって、ほんとうの意味で、「国際人」として世界に対する目を開くことができるのです。

そこでさっそく、中近東で起きている対立を「宗教」という視点で観ると、共通しているものがあることがわかります。それは、「一神教」同士の衝突です。本章では、「一神教」の母体とも言える「ユダヤ教」について取り上げながら、本書のメイン・テーマとしている「宗教対立」について考察を加えていきたいと思います。

◇ディアスポラ（離散）後のユダヤ民族の苦難

まず、現在も解決の目途《めど》が立たない「パレスチナ問題」について、「宗教」との関係を中心に概観し、紛争の本質を探ってみましょう。

紀元七〇年ごろ、ローマ帝国の支配下にあったユダヤ国家は、それまで支配されていたローマ帝国との間で起きた「第一次ユダヤ戦争」で敗れ、「マサダの砦」での壮絶な戦い、「第二次ユダヤ戦争」（バル・コクバの乱。一三二年－一三五年）ののち滅亡しました。祖国を失ったユダヤ民族は、その後一九〇〇年間も、世界各地に離散し、生き延びることになります。この「離散」のことを、「ディアスポラ」と言います。

キリスト教にとってユダヤの民は、救世主イエス・キリストを十字架にかけた民族ということになっていますから、その後、迫害や差別をされるようになりました。イギリスの劇作家・ウィリアム・シェークスピアの「ヴェニスの商人」に出てくるユダヤ人高利貸し・シャイロックのようなイメージでしょう。

このユダヤ人の迫害、差別を助長する事件が、中世ヨーロッパで起きています。一一四四年にイギリスで起きた「儀式殺人」あるいは「血の中傷（Blood Libel）」と呼ばれる事件です。「ユダヤ教徒がキリスト教徒の少年を誘拐し、「過越祭《すぎこしのまつり》」というユダヤ教の儀式で、その少年をキリストの殉難と見立てて殺害し、さらに少年の血を祭儀で使っている」という中傷が広まり、それがイギリス各地から大陸へ伝播《でんぱ》したと言われます。

そもそも過越祭は、「**出エジプト**」を祝って子どもたちにユダヤ人の苦難の歴史を語り継いでいるものです。夕食の儀式（「セデル」）では、その歴史を語りながら赤ワインとマッツァー（パンの一種）を苦菜とともに食べ、最後に「来年はエルサレムで！」と踊りつつ大団円を迎えます。

したがって、儀式殺人というようなおぞましいものではまったくありません。

出エジプト
前一三世紀頃、モーセがヤハウェの啓示を受け、カナンの地を目指し、ヘブライの民を率いてエジプトを脱出した出来事。

ユダヤ教徒が殺人を犯したという確たる証拠もなく、殺害されたとする少年の遺体も発見できなかったという一種の「流言《りゅうげん》飛語《ひご》」だったのですが、これを本気にしたキリスト教徒がユダヤ教徒を襲う結果になり、その後も、この噂を背景にした迫害、差別が何度も繰り返されたと言われます。（臼杵陽著『世界史の中のパレスチナ問題』七一－七四頁参照）

◇紛争の火種である「パレスチナ問題」の根源にあるもの

一九世紀に入ると、ユダヤ人国家の建設を願う人たち（シオニスト）による「**シオニズム運動**」というものが起こります。二〇世紀初頭、それまで否定的だったイギリスがシオニストたちに対し、パレスチナにユダヤ人のための民族的郷土を設立することに賛意を示します（「バルフォア宣言」）。実は、イギリスはこれ以前に、パレスチナに住むアラブ人にも独立国家の建設を支持したり、他の列強と中東の領土分割案も締結したりしており、相矛盾する外交を行っていました。外交史上評判の悪い、イギリスの「三枚舌外交」と呼ばれているものです。

このイギリスの外交姿勢はその後、「パレスチナ問題」が複雑化する要因になっています。これを発端《ほったん》として、ユダヤ人とアラブ人を対立させてしまったからです。

詳しい経緯については省きますが（注1）、さらに、ナチス・ドイツによるユダヤ人ホロ・コースト（大量殺戮）を経て、第二次大戦後、実質的にアメリカが中心になり、パレスチナに強引なかたちでユダヤ国家・イスラエルを建設してしまいます。しかし、当時のパレスチナは、アラブ人九〇％、ユダヤ人

シオニズム運動
一九世紀末以降に興った、ユダヤ人の「祖国復帰」を目指す運動。

一〇%ほどという比率でした。すなわち、九割定住していたアラブ人を一方的に追い出してユダヤ人国家をつくったのですから、アラブの人びとは納得がいかないわけです。

案の定、アラブの人たちは、周辺諸国に難民化してしまいます。そして、一九四八年、イスラエル建国が国連決議でなされることで、パレスチナに住んでいたアラブ人たちの故郷帰還への望みは絶たれてし

図表1
現在のパレスチナ地区

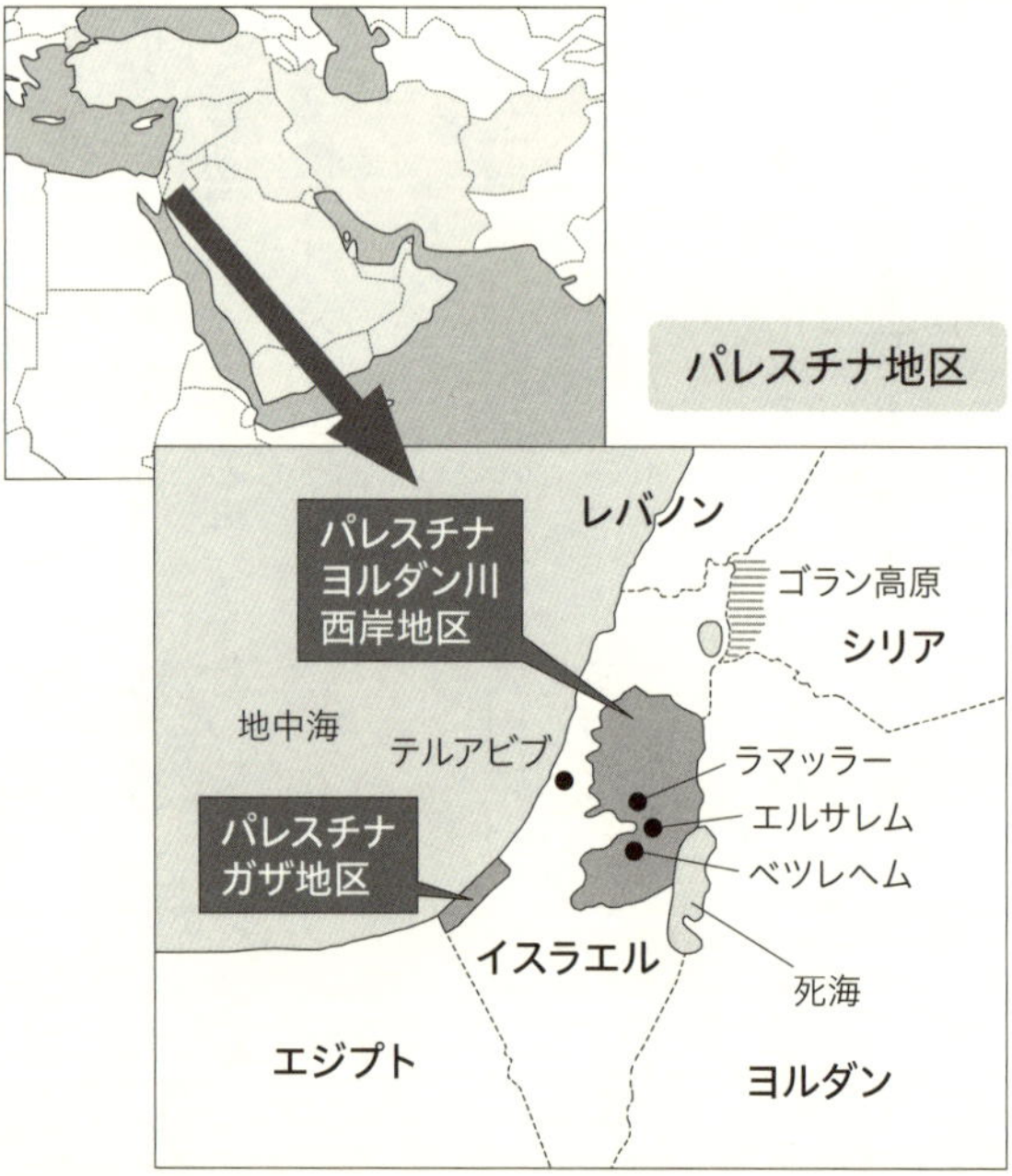

まいました。その結果、第一次中東戦争を経て、イスラエル・パレスチナの対立が、連綿と現在まで続いているのです。(図表1)

この「イスラエル建国」のやり方は、ユダヤ民族が出エジプトをなしてイスラエルに入る際、先住民族を殺戮して自分たちの国を建国した経緯とよく似ています。その意味で、現在のイスラエル対アラブの戦いのもとは、**モーセ**の時代にまで遡《さかのぼ》る、根深い問題が潜んでいると言えるのです。

◇「一神教」と「多神教」

「**モーセの十戒《じっかい》**」のなかには「汝《なんじ》、我以外なにものをも神とすべからず」という戒律があるように、モーセはこの一神教を創始した、実質上のユダヤ教の

モーセ
前一三世紀頃活躍した、ユダヤ教の開祖。

モーセの十戒
モーセがシナイ山で神から授かり石板に刻んだ、一〇の戒律。

開祖です。ユダヤ教発祥の一神教は、宗教としてもっとも進化した信仰形態であると言われています。

宗教の信仰形態には大まかに、ここに言う「一神教」と、もう一つ代表的な「多神教」が主流としてあります。したがって、宗教を理解するためには、この二つの信仰形態について知ることが大切です。

まず、一神教ですが、宗教学的には単純ではなくて、四種に分類されます。すなわち、①唯一《ゆいいつ》神教②拝一《はいいつ》神教③単一《たんいつ》神教④交替一神教です（図表2）。このうち、①以外は他の神も認めています。

私たちが通常イメージする一神教（ユダヤ教・キリスト教・イスラム教）は、①の唯一神教です。この特徴は、崇拝される神が万物を支配する唯一絶対の存在であることと、他の神の存在を認めないことです（脇本平也著『宗教学入門』他参照）。

この一神教は、シンプルで明晰《めいせき》性や一貫性があり、強い信仰が立ちやすいのですが、その反面、排斥性や不寛容さが強くなります。この特徴から考えると、宗教そのものが原因で争いが起きているというよりも、数ある宗教の信仰形態の一つである一神教に、争いが絶えない要因があることがわかります。

もう一方の多神教は、多くの神々を同時に崇拝する信仰形態のことです。たとえば、仏教（注2）、神道、ヒンドゥー教、古代オリエント、古代ギリシャ・ローマの宗教などがこれにあたりま

図表2

一神教の信仰形態

一神教の種類	特徴
唯一神教	崇拝される神が万物を支配する唯一絶対の存在となり、他の神々は容認されないか、格下に扱われる。
拝一神教	他の部族の神は認めつつ自分は特定の一神だけを信仰する。
単一神教	多神教ではあるが、ある特定の一神を集中的に崇拝する。
交替一神教	崇拝する一神が順番に代わる。

脇本平也著『宗教学入門』／渡辺和子監修『図解 世界の宗教』他参照

す。ですから、「多神教」のほうがメイン・ロードです。のちに詳しく触れますが、一神教はむしろ、例外的信仰形態です。ユダヤ教以前には、エジプトに〝わずか十数年〟間「アトン信仰」が存在したのみでした。

◇そもそも「一神教」は、ほんとうに高等宗教と言えるのか

では、そもそも一神教が、多神教よりも進化した「高等宗教」であるとされるのはなぜでしょうか。その理由として二点考えられます。

第一は、「宗教学」による学説を根拠とするものです。これは、第1章でも述べたように、「宗教学」の祖にあたるような学者たちが一九世紀に唱えた、

「アニミズム（原始宗教）⇩多神教⇩一神教」という進化論的解釈です。
実はそのもとになっている思想があります。それが、イギリスの有名な哲学者・**D・ヒューム**の説です。この人が「宗教学」上の名著と言われる『宗教の自然史』という本のなかで、「宗教は進化し続けており、原始的宗教から多神教、一神教へと進む」ということを書いているのです。とくに冒頭では、多神教は未発達の宗教であるということをかなり断定して述べています。

しかし途中で、多神教は寛容で、宗教的迫害をせず、国民は勇敢であり、実践論から見て優《すぐ》れていると認めています。さらに、一神教は合理的だが、人間の本性自体が無合理的にできているから、その神学は屁理屈に堕し、結局迷信や不条理に陥ると論じ、最後には、「全体が謎であり、不可解事であり、解き得ない神秘である。疑念、不確実、判断中止が、この主題に関してわれわれのもっとも精密な探査の唯一の結論であると思われる」（前掲書、

デビット・ヒューム
一七一一-一七七六。イギリスの哲学者。懐疑論・実証論を唱えた。

一〇五頁）と締めくくっています。

結局何が言いたかったのだろうかと首を傾げるのですが、懐疑論者、不可知論者であるヒュームの真骨頂《しんこっちょう》なのか、あるいは、現代的に言えば、いわゆる「**エポケー**」ということなのかもしれません。

ここで述べられているヒュームの学説が「多神教起源説」と呼ばれ、前述のタイラー、デュルケムらの見解を伴って、いわゆる〝宗教進化論〟的学説を形成したのです。

第二は、歴史的経緯によるものです。すなわち、ユダヤ教からキリスト教、イスラム教が誕生して世界宗教へと発展していくなかで、一神教が世界に伝播、メジャー化し、多数の信者を形成したためです。

エポケー
判断中止の意。ギリシア語に由来する。

◇「ユダヤ教的一神教」の根底に潜むもの

なぜモーセは一神教を開いたか〈1〉

しかし、なぜ多神教が主流のエジプトに育ったモーセが、一神教を開くことになったのでしょうか。

それは第一に、エジプトで、有史以来最初に登場した一神教の「アトン（アテンとも言う）信仰」の影響を受けているという点です。

大川隆法総裁は、『宗教社会学概論』のなかで、次のように指摘されています。

エジプトも多神教ですし、そもそも、歴代の王様が神格を持った神様になっている例が数多くあります。強大な国家をつくった王様や、偉大な徳のある王様は、神様として祀《まつ》られていたところがあります。ギリシヤやローマは、その根っこにあるエジプトの宗教から影響を受けていると思いますが、多神教がもとになっているわけです。

このなかから一神教が出てきたのは、非常に珍しいことです。エジプトの流れのなかにモーセが出て、一神教を最初に説きました。(中略)

モーセは大人になるまでの間、エジプトの王宮で、稀に見る幸運ではありますが、普通の王族の子として教育を受けていました。ちょうど彼の前ぐらいに、アメンホテプ四世、イクナートンとも言われる、非常に有名で力を持った方がいました。この人が「アトン信仰」という一神教信仰をつくり、多神教のエジプトのなかで、自分のときだけ、一神教の太陽神信仰のようなものを一時期、説いていました。けれども、亡くなると同時に、もとに戻り、また多神教になりました。

モーセは、この一神教が宮廷のなかに入っていた時代に教育され、影響を受けたらしいのです。それで、一神教の傾向を持っているのだと、一般的、宗教的には言われています。

『宗教社会学概論』六六―六八頁

エジプトの宗教には、数多くの神々が登場します。たとえば、死者の魂を天秤にかけて善悪をはかり、天国・地獄行きを決める冥界《めいかい》の王・オシリス。ファラオ（エジプトの王）の起源となるホルス。第一一王朝以降、太陽神ラーと合体して、エジプト最高の神と言われたアメン・ラー。知恵を象徴する書記の神・トート神、また、オシリスの妻でエジプトの女神・イシス神などをはじめ、四八の神がいると言われます。

エジプトは、紀元前一四世紀ごろ、アメンホテプ三世の治政下で絶頂期を迎えます。この治政を継いだファラオが、一神教信仰を行ったアメンホテプ四世（途中、「アトン神にとって有益なもの」という意味の「イクナートン〈アクエンアテンとも呼ばれる〉と改名）です。このころのエジプトの中心神は、アメン・ラーという神です。エジプトの興隆とともに、当時の僧侶階級であるアメン神官団が、度重なる神殿への寄進によって経済力を蓄え、それを背景に政治的発言力も強めており、王位継承や政策にも口を挟むようになっていました。

そのため、ファラオに即位したアメンホテプ四世は、神の代理である王の権威を取り戻すために、このアメン神官団の影響力を排除しようとします。それが、「アマルナ（宗教）革命」と言われるものです。ここで行ったことは、

一　これまでのアメン信仰を禁止し、太陽を表す「アトン神」を国家神として崇拝する「アトン信仰」という一神教を打ち立てたこと。

二　テーベからアマルナに遷都《せんと》し、新都アケトアテンを建設し、政治を一新しようとしたこと。

が挙げられます。

しかし、もともと多神教的世界観を当然としてきたエジプトの人たちに一神教はなじまず、イクナートン没後、以前のアメン信仰へ回帰します。

エジプトの王宮で育ったモーセは、このイクナートンの一神教の影響を受けていると言われています。心理学者の**フロイト**も『モーセと一神教』のなかで、アトン信仰とユダヤ教を比較し、その類似点及び相違点を列挙しながら、モーセがユダヤ民族に伝えた宗教は、このアトン教に他ならないという結論を下しました（四五-五〇頁参照）。

なぜモーセは一神教を開いたか〈2〉

第二は、ユダヤ教の発祥は、そもそも、〝アンチ・エジプト〟であったという点です。

ジークムント・フロイト
一八五六-一九三九。オーストリアの精神科医。精神分析の創始者。

大川隆法総裁は、『「黄金の法」講義①』において、次のように指摘されています。

問題になるのは、一番目の、「汝、吾れの外何者も神とすべからず」「吾れ以外、神なし」という、いわゆる一神教的な考えと、二番目の、「汝、何の偶像も刻むべからず」「偶像崇拝を禁止する」という考えです。(中略)

この偶像崇拝の禁止は、神の言葉として、いまもそのまま続いているわけですが、モーセのところへ出た神、ヤハウェが偶像崇拝を嫌いだったのには、理由があります。

イスラエルの民がどこから逃げてきたかというと、エジプトです。このエジプトの宗教はどのような宗教であったかを、想像していただきたいのです。エジプトでは、神の像、神像をつくっていました。そういう像は、あちこちに、いまだに遺っています。エジプトの神殿には神の像がたくさんあるのです。

そのように、エジプトでは像をつくって拝んでいたので、イスラエルの民がそれをやったのでは、エジプトと同じになってしまいます。

すなわち、モーセのところへ出た神はアンチ・エジプトだったということです。

『「黄金の法」講義①』八一－八三頁

イクナートンが多神教の偶像崇拝及びアメン信仰を全面的に禁じたように、ユダヤ教はエジプトの宗教を禁じました。それは、モーセのところに出た神ヤハウェが、アンチ・エジプトだったからです。

ユダヤ民族はエジプトで、奴隷として虐《しいた》げられており、そこからの脱出をはかったのがこの神です。旧版の『旧約聖書』では、ヤハウェを「ねたむ神」と訳しているように、これらの教えは、エジプトに対するルサンチマンから出ているると見ることもできるでしょう。

これが理由ですから、ユダヤ教発祥の一神教（おもに、ユダヤ教・イスラム教）の主張する「偶像崇拝禁止」が必ずしも普遍的真理ではないことがわかります。

◇ユダヤ教を支える『ヘブライ語聖書』とは何か

では、さらに「一神教の深層」を探るために、ユダヤ教理解の基本を確認しておきましょう。まず、前述したように、モーセが開祖です。教えの中心となる聖典は『ヘブライ語聖書』（『旧約聖書』のこと）です。『ヘブライ語聖書』は、「トーラー（律法）」「ネビイーム（預言書）」「ケトゥビーム（諸書）」の三つの内容で成り立っています（図表3）。

この他に重要な教えとして「タルムード」があります。これは、ユダヤ教徒が「トーラー（モーセ五書）」の次に大切にしていると言われる聖典です。トーラーは成文律法ですが、タルムードは、トーラーのあとにつくられた口伝律法（ミシュナ）や、その注釈書を集大成したものです。

ユダヤ教徒がこのタルムードを毎日学習していることは有名です。このような、宗教的真理を学ぶ習慣が、数多くの天才や成功者を生み出したの

図表3

ユダヤ教の聖典

トーラー（律法）	モーセ五書（「創世記」「出エジプト記」「レビ記」「民数記」「申命記」）
ネビイーム（預言書）	イザヤ書、エレミヤ書、エゼキエル書の三大預言書のほか、12の小預言書など。
ケトゥビーム（諸書）	詩編、箴言《しんげん》、ヨブ記、ダニエル書など。

全部で39書の内容が、まとめられている。

ではないかと言われているのです（科学者のアインシュタイン、哲学者のベルグソンなどのノーベル賞受賞者や、映画監督で有名なスティーブン・スピルバーグ、実業界で成功しているハワード・シュルツ〈スターバックス〉、ラリー・ペイジ〈グーグル〉、アンディ・グローブ〈インテル〉、ジーン・シモンズ〈KISS〉などがいる）。

◇『ヘブライ語聖書』の成立から見えてくる、ユダヤ教の「一神教」の真実

『ヘブライ語聖書』は、成立までに長い期間をかけて編集され、現在に至っています。「聖書学」では、そのもととなった主要な資料が複数あるとしてい

エロヒム
『旧約聖書』に出てくる神（複数形）。エル（単数形）ともいう。幸福の科学教学では、愛の神、エル・カンターレと同義であるとする。

ます。「ヤハウェ資料（文献）」「エロヒム資料（文献）」「申命記資料（文献）」「祭司資料（文献）」の四つです（図表4）。

これを見ると、すでにヤハウェという神と、**エロヒム**という中東地域で古くから信仰されている神が混同されたまま『聖書』の編集がなされていることがわかります。大川隆法総裁が、「ユダヤ教は一神教と言われていますけれども、実は、天上界のさまざまな神々の指導を受けていたのです」（「ユダヤの神の正体とは」

図表4 『ヘブライ語聖書（旧約聖書）』の文書仮説

ヤハウェ資料（文献）	J資料とも言われる（Jは略号）。前10世紀から同9世紀（ソロモンの時代から南王国初期）にかけて成立。ヤハウェという神の名前が中心。
エロヒム資料（文献）	E資料。前八世紀、北王国で成立。エロヒムという神の名前が中心。
申命記資料（文献）	D資料。前七世紀頃。核となるものは北王国でつくられ、最終的に南王国で成立した。
祭司資料（文献）	P資料。前六世紀の「バビロン捕囚」及びそれに続く時期に成立。

加藤隆著『旧約聖書の誕生』他参照

「ザ・リバティ」二〇一五年二月号：通巻二四〇号）と指摘されているように、『聖書』の成立過程を調べていくと、実は複数の神の啓示が混ざっており、その実態が「一神」ではなく、「多神」であるという驚くべき真実が見えてくるのです。

◇「バビロン捕囚《ほしゅう》」と「選民思想」

ユダヤ民族は紀元前一三世紀ごろ、モーセに率いられて出エジプトを果たしたのち、カナンの地、パレスチナに定住します。その後、紀元前一一世紀ごろに統一王国を建国しますが、やがて二つに分裂します。一つが北王国と言われる「イスラエル王国」で、もう一つが南王国と言われる「ユダ王国」です。

先に北のイスラエル王国のほうが、当時勢力を増していたアッシリアに攻められ滅亡してしまいます。残った南のユダ王国も、ネブカドネザル大王率いる新バビロニアに降伏。その時に、一万人とも言われるユダヤ人がバビロンに強制移住させられ、奴隷となります。これが歴史的に有名な「**バビロン捕囚**《ほしゅう》」で、ユダヤ教の確立に非常に大きな影響を与えているものです。

第一に、国家の危機だったこの時期に、重要な預言者が数多く出て、ユダヤ教独自の思想が固まったことがあります。『聖書』に数多く登場する預言者とは、神の言葉を預かる者のことを言い、神の啓示をうけ、民に伝え、正しい方向に民族を導く役割を担っていました。『ヘブライ語聖書』を見ると、この預言者には二つのパターンがあるようです（注3）。

一　宮廷につかえ、王にアドバイスを与える政治顧問的な「預言者」。たとえば、救世主出現の預言を行った第一イザヤや、ネブカドネザルの夢解きを行ったダ

バビロン捕囚
前五八六、ユダ王国がバビロニアに征服され、住民の多くが新バビロニアの都バビロンに連行された出来事。

ニエルなどが有名。
二　エレミヤのように在野《ざいや》にあって、政道の間違いについて警告を発するジャーナリスト的存在の預言者。

こうして、優れた預言者を数多く輩出したことが、ユダヤ民族は神・ヤハウェと契約し選ばれたる民であるという、ユダヤ教の大きな特徴の「**選民思想**」を生んでいるのです。

第二に、国家滅亡の危機に瀕してヤハウェへの信仰が高まりました。ユダヤ民族を守る神・ヤハウェへの信仰が、民族としての団結に目覚めさせる紐帯《ちゅうたい》の役割を果たしたのです。

たとえば、**預言者エレミヤ**は、ユダ王国の国民がバビロンに捕囚される前、イスラエル王国がアッシリアに滅ぼされるのを見て、「国民の不信仰が民族の滅亡を招く」とユダ王国の国民に伝えていました。当時イスラエルの国民は純

選民思想
「イスラエルの民」は神から選ばれた民族であるとする思想。

預言者エレミヤ
前七世紀頃-同六世紀頃。古代ユダヤ

然な一神教ではなく、偶像崇拝など、ヤハウェが禁じる信仰をしていたからです。

ユダ王国のバビロン捕囚後、国にとってもっとも大切な「神殿」が破壊されてしまいます。この出来事も、ユダヤの人びとの民族意識を高めることになりました。

その後、新バビロニアは、当時伸張してきたペルシャ帝国のキュロス大王に滅ぼされます。**ゾロアスター**教徒であったキュロス大王は、異民族、他宗教には寛大で、ユダヤ人を解放し、自国へ戻ることや、神殿を建てなおすことを許します。ユダヤ教徒は、「キュロス大王は我々を救った救世主である」と考え、メシアの一人としています。

民族として数々の試練を乗り越え、信仰を護る意識が強まっていく過程で、『ヘブライ語聖書』が成立していきます。それは、モーセの出エジプトから約八〇〇年の歳月が流れたころでした（注4）。


の預言者。『旧約聖書』の「エレミヤ書」に登場する。

ゾロアスター教
前八世紀頃、古代イラン地方で発祥した宗教。「善悪二元」を説く。開祖はゾロアスター。

この聖典の完成によって「ユダヤ教」が成立したと言われており、厳密には、バビロン捕囚以前を「古代イスラエルの宗教」、以降を「ユダヤ教」と呼びます（加藤隆著『旧約聖書の誕生』二七一–二八、二九二頁）。

その後、勢力を伸ばしてきたローマ帝国の属国となり、第一次・第二次ユダヤ戦争を経てユダヤ国家が滅亡し、各地に離散してユダヤ民族が生き延びてきた話は、前述した通りです（図表5）。

第3章でも触れますが、現在世界の宗教の多数派であるキリスト教とイスラム教は、ユダヤ教から生まれた兄弟宗教と言われています。したがって、ユダヤ教の神及びその信仰形態を引き継いでいる部分があるのです。実はここに、なかなかやまない「宗教対立」の原因があるのです。

キリスト教やイスラム教は「世界宗教」に分類されますが、ユダヤ教は周知の通り「民族宗教」です。この両者の違いはどこにあるのか、改めて整理してみます。

図表5

ユダヤ民族の歴史

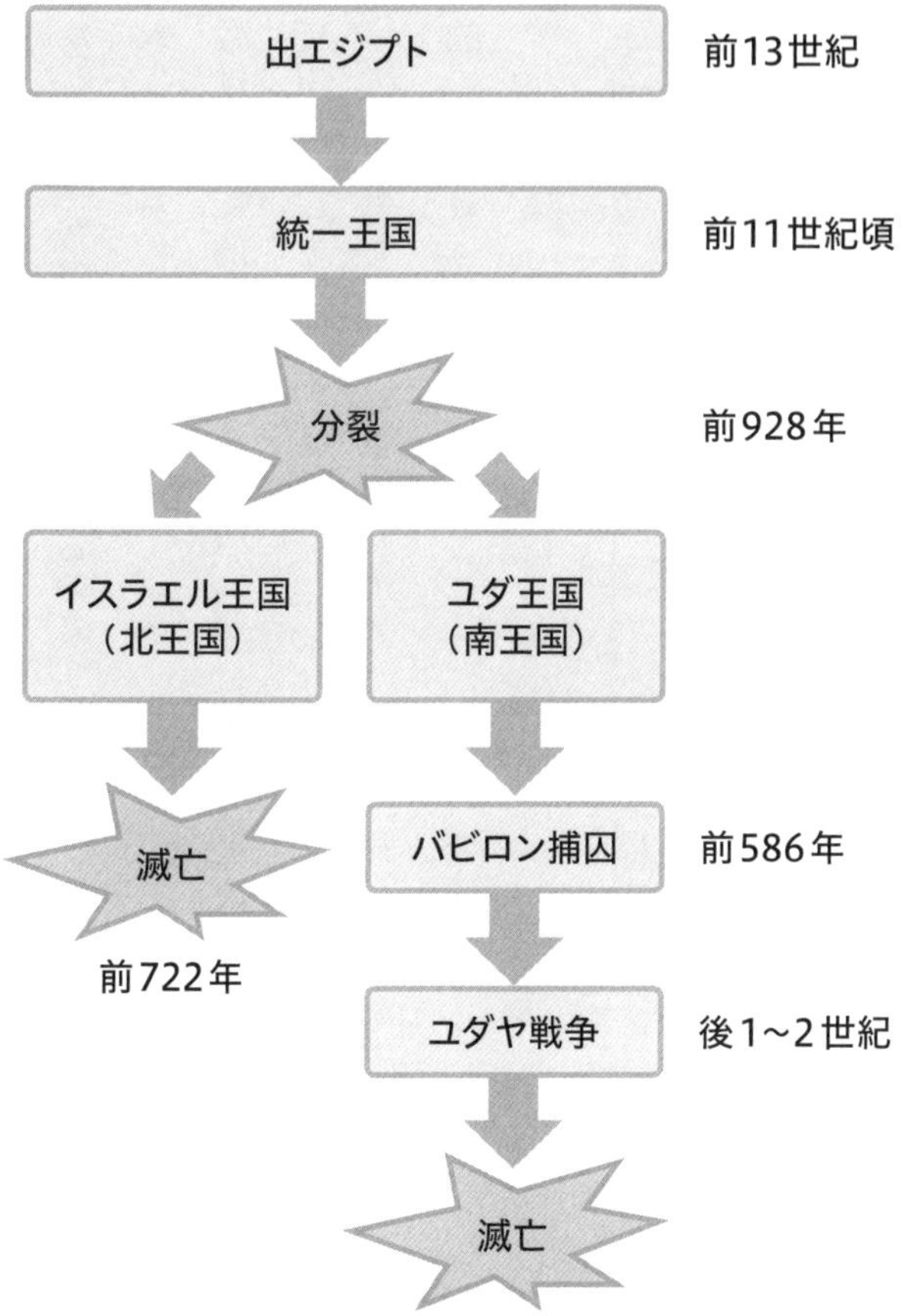

ユダヤ戦争に敗戦、滅亡後、ユダヤ民族は、世界各地に離散。これを「ディアスポラ」という。

まず、世界宗教は、信者が国、民族などのある特定の集団を超えて広がっている宗教をさし、「普遍宗教」とも言います。一方、民族宗教は、特定の一民族に限られているものをさします。

ユダヤ教は、積極的に伝道をする宗教ではありませんので、世界に広がっているわけでもなく、むしろ減少傾向にあるようです。現在信者数は一四〇〇万人とも言われています。このように、ユダヤ教は典型的な「民族宗教」ですから、論理的に考えれば、その神は「民族神」なわけです。

実際にヤハウェは「ねたむ神」と言われるように、その偏狭さに民族神的傾向がはっきり出ています。『ヘブライ語聖書』の「トーラー」に含まれる「申命記」には、次のような言葉があります。

あなたはわたしのほかに何ものをも神としてはならない。

（『旧約聖書』「申命記」第五章七）

あなたの神、主であるわたしは、ねたむ神であるから、わたしを憎むものには、父の罪を子に報いて三、四代に及ぼし、わたしを愛し、わたしの戒めを守る者には恵みを施して千代に至るであろう。

（同、第五章九－十）

マックス・ウェーバーも、著書『古代ユダヤ教』のなかで、ヤハウェの「民族神的性質」を次のように指摘しています。

ヤハウェは、少なくとも元来の見方にしたがえば、イスラエルの保護神であるのと同じ意味において外国の王たちの完全に個人的な保護神であることはできなかった。

（前掲書、三三二頁）

マックス・ウェーバー

一八六四－一九二〇。ドイツの社会学者・経済学者。近代における社会科学の方法論を確立した。

さらに、「出エジプト記」にも、このように、記されています。

主のほか、他の神々に犠牲をささげる者は、断ち滅ぼされなければならない。

（第二二章二〇）

つまり、ヤハウェはもともとイスラエルの民族固有の神であり、多民族を統べる神ではなかったのです。問題は、ユダヤ教のあとに出てきたキリスト教やイスラム教も、この民族神を宇宙や人類を創造した造物主、唯一なる神と混同している点にあるのです。

大川隆法総裁は、民族神の限界について、このように述べています。

民族神は造物主にはなれません。民族神は、全世界を創り、全世界の人びとを幸福に生かすことはできません。民族神の使命は、限られた民族の幸福を願うことです。その民族神の上に、全民族、全世界の人びとを幸福に導こうとしている霊人たちがいます。これが霊界のほんとうの姿なのです。

『信仰告白の時代』一一五頁

この問題の論点は、次の二つです。

一　民族神の使命は、限られた民族の幸福を願うことであり、造物主にはなれない。

二　この民族神の上に、全民族、全世界の人びとを幸福に導こうとしている霊人たちがいる。

すなわち、民族神と造物主、一地域に限られた神とグローバルな神の、性質・役割の違いを整理し、しっかり理解することが大切なのです。

◇「一神教」と「多神教」の比較

ということは「一神教とは高等宗教の条件」というのは間違いなのかというと、そう判断できない面があります。たとえば、幸福の科学教学では一神教の出現によって、宗教にイノベーションが起きるというプラス面を指摘していま す。すなわち、旧《ふる》い宗教の習慣が社会の発展を阻害し、遅らせる面が出てくるので、そうした旧いものを一新して、新しい時代にあった宗教を打ち立てるという「発展」「進化」の原動力としての意義です。

言い換えれば、旧い神々をいったん〝リストラ〟し、旧くなった教義や習慣を変え、宗教の高等化・高級化を果たしているのです。

では、「やはり多神教は古い時代の宗教に多いので、遅れた信仰形態なのか」というと、そうも結論付けられない面があります。多神教は、ユダヤ教などの一神教より優れた面も持っているからです。

第一に、多神教のエジプトやインドの宗教は、一神教よりはるかに長い歴史を持っています。歴史が長いということは、その間に優れた人材が多数輩出され、その方々が神となってその国民を指導してきたということです。これが、多神になる理由です。

第二に、それらの国には、深い霊界ができているという点です。国や民族の歴史が浅いと、その霊界もまばらで、閑散《かんさん》とした村社会のようになっていると言います。

大川隆法総裁は、『アメリカ宗教事情』において、アメリカ霊界を例にこのように説明されています。

私はアメリカの霊界についても研究してきたのですが、建国後、まだ二百年しかたっていないため、上空にある霊界が非常に薄く、人口がまばらでした。人口の少ない村が、広い国土にパラパラと散らばっている感じで、霊界が完成していないのです。
何千年もの歴史がある国では、かなり深い霊界ができているのですが、アメリカでは霊界も非常に浅くて散漫なのです。

前掲書、一七頁

アメリカはキリスト教国ですから一神教なわけですが、アメリカ霊界が完成していないということは、宗教的な目でみれば〝未開〟であるとも言えるでしょう。

このように「一神教」と「多神教」のどちらが進化した信仰形態であるかは、一言では決めつけられません。その意味で、冒頭に紹介した、ヒュームの結論を否定できない面もあるのです。

◇世界の混乱に終止符を打つ、信仰形態とは

新たな世界宗教を目指す幸福の科学の信仰は、「エル・カンターレ信仰」です。この信仰形態は、ここまで考察してきた「一神教」とも「多神教」とも違います。幸福の科学は、天使や菩薩、如来という高級霊も神として認めている意味で、「一神教」ではありません。ただし、単純な「多神教」でもありません。

この意味を、大川隆法総裁の経典から確認してみましょう。

特に私が述べたかったことは、「エル・カンターレという存在は、いわゆる一神教的なものを目指しているわけではない」ということです。

一神教における神と至高神とは違うのです。

私は、菩薩や如来、天使や大天使などの存在を認めています。そして、そうした存在たちと、一緒になって仕事をしているのです。

これは、『太陽の法』にも、『黄金の法』にも、『永遠の法』(いずれも幸福の科学出版刊)にも書いてあることであり、この事実は動きません。

天使たちの個性はそれぞれ違うので、何もかもピッタリ一致するわけにはいきません。菩薩同士でも如来同士でも、違う意見を言うことがあります。

その数多くある多様な意見をまとめながら、人類全体を救える方向に導いていこうとしているのです。

しかし、今ある宗教のなかには、このような考え方がありません。(中略)

要するに、「至高神」という考え方は、いわゆる、「多神教」対「一神教」という対立とは違うところにあります。それを知っておいてください。天使たちがいなければ、「人類全体を救っていく」という仕事はできないのです。それは一人ではできません。数多くの天使の力が要るのです。

『選ばれし人となるためには』四三－四五頁

幸福の科学の「エル・カンターレ信仰」は、一神教でも多神教でもなく、「至高神」への信仰であるということです。その至高神を「エル・カンターレ」と呼んでいます。これは、他の神々の存在を認め、その上に地球全体に責任を持っている至高神、すなわち地球神がおられるという信仰です。

「至高神」という概念を理解すると、「他の宗教の神々も、エル・カンターレが、その時代の人びとの心を悪から守り、世の苦しみから救うために送り込まれた『光の仲間』なのだ。仏の慈悲の表れなのだ」ということが理解できます。

現在、宗教の対立を克服できないのは、宗教そのものが悪いからとか、必要ないからではありません。数多くの宗教が乱立しているように見えるのは、地球の文明が進み、全地球規模で人びとが交流できるようになったからです。そこに新たな課題が生まれ、それを解決できないままでいるということではないでしょうか。

これを言い換えるならば、「いまある宗教のなかには、こうした、天使たち、神々の個性の違いを理解し、その多様な意見をまとめながら、人類全体を救える力はない」ということを必然的に示唆しているのです。

したがって、「一神教」と「多神教」を超える「至高神」への信仰を持つことが、宗教間の争いをなくしていくための第一歩になることを、本章の結論としておきたいと思います。

（注1）ユダヤ人のパレスチナへの入植は、「ドレフェス事件」（フランス陸軍大尉のユダヤ

人、A.ドレフェスがスパイ容疑で逮捕された冤罪《えんざい》事件）を契機に起こった「シオニズム運動」（イスラエルへの帰還運動）から始まった。この背景には、東欧で煩《はん》瑣《さ》に行われていた「ポグロム」（ユダヤ人への無差別殺戮）もあった。十八世紀〜十九世紀の欧州では、「アンチ・セミティズム（反ユダヤ主義）」という、ユダヤ人を排斥する思想が盛んになっており、ユダヤ人の虐殺が行われていた。また、平和的に入植したユダヤ人たちの村落をアラブ人が襲撃する事件も何度も起こっている。ここには、アラブ諸国とイスラエルが対立する遠因がある。

（注2）おもに、北伝（大乗《だいじょう》）仏教を指す。南伝（小乗《しょうじょう》）は、釈迦一仏への信仰と言われている。

（注3）預言者には、次の二つのカテゴリーがある、という指摘がある。第一は、「体制側の預言者」で、王の政治顧問のような役割を果たす宮廷付きの預言者。第二は、

「反体制側の預言者」で、在野から神の言葉を伝える立場の預言者である（加藤隆著『旧約聖書の誕生』一八三－一八四頁参照）。

（注4）「バビロン捕囚」の際、ユダ王国の神殿が破壊されたので、『聖書』さえあれば朗読、説教をして礼拝が行えるという「言葉の礼拝」という概念が生まれ、バビロンで『聖書』の編纂が進められた。この時点では、「トーラー」と「ネビイーム」が成立する。「ケトゥビーム」の決定は、一世紀後半のヤムニヤ会議以降となる。

第3章

キリスト教とイスラム教が対立し続けるほんとうの理由

——「宗教対立」克服への道

キリスト教とイスラム教における、十字軍戦争は、
もう、結構です。
キリスト教の成立にも、私はかかわりました。
天上界からはっきりと、ユダヤの地において、
イエス・キリストを指導しました。
その同じ私が、その六百数十年後、
サウジアラビアの地において、
ムハンマドも、天上界から指導しました。
私が産み落とした宗教が、憎しみを持って、
千年以上戦い続けているのは、見るに堪えません！
ならばどうする！
彼らに、共通の理解の基盤をつくること、
その教えを説くこと、
それが、次なる目標であってよいはずだと思います。

2016年7月6日御生誕祭法話「地球を救う光」

◇イスラム国の台頭が意味するもの

「今後、危険な衝突が起こるとすれば、それは西欧の傲慢《ごうまん》さ、イスラムの不寛容、そして中華文明固有の独断などが相互に作用して起きるだろう」

政治学者・**S・ハンチントン**教授は、『文明の衝突』のなかでこう指摘していました（二七五頁）。近年の世界情勢を見ると、まさに正鵠《せいこく》を射《い》た指摘に思えます。

たとえば、「イスラムの不寛容さ」については、二〇〇一年の**九・一一事件**や、それ以降のタリバン、アルカイダ、イスラム国などのテロ事件が思い浮かびます。とくに、イスラム国出現以降の彼らの行動の是非について、国内で発信されている情報は、「テロリスト国家との戦い」という見方、すなわち「欧米＝善、イスラム＝悪」というスキームが中心となっているように思います。

サミュエル・ハンチントン
一九二七―二〇〇八。アメリカの政治学者。

九・一一事件
二〇〇一年九月一一日に起こったアメリカの同時多発テロ事

しかし、当初特異な動きとして見られたことは、多数の「外国人戦闘員」がイスラム国に参戦したり、多くのイスラム過激派組織がイスラム国への支持を表明していることなどです。カリフ制を復活し、イスラム教の根幹であるイスラム法（シャリーア）によるイスラム統一の実現、人種差別との戦いなどの大義が共鳴を呼び、単なる過激派組織にはない宗教的求心力を見せています（最近、イラクとシリア両国内でのＩＳＩＳ戦闘員は、若干減少した可能性があるとの報道もある）。

『民族とナショナリズム』などで有名な人類学者の**アーネスト・ゲルナー**は、『イスラム社会』という著書のなかで、「現代社会は、今後世俗化的傾向を強めるだろう」という大方の予想に対して、「イスラム社会は一種の挑戦をしているように見える」という主旨のことを書いていました。

「現代社会」を「キリスト教社会」と読み替えると、イスラム国の動きも、世俗化（キリスト教化）に正面から挑戦していると見ることも可能でしょう。

件。ワールドトレードセンターなどに航空機四機が突入し、三〇〇〇人以上の死者を出した。

アーネスト・ゲルナー
一九二五-一九九五。おもにイギリスで活躍した歴史学者、哲学者、社会人類学者。

もちろん、昨今のテロ事件のように、非イスラム教徒だからといって、無差別に人を殺めることは、決して容認できることではありません。しかし、両者の対立を解決し、次々と起こる悲劇をなくしていくには、欧米側が主張する「テロ対自由の戦い」という単純な善悪論の図式だけではない見方も必要なのではないでしょうか。

◇「自由」対「平等」という価値観の違い

大川隆法総裁は、九・一一事件後の二〇〇一年一〇月一一日、この背後にある事件の本質を次のように指摘しています。

ワールドトレードセンタービルは巨大なもので、マンハッタンの象徴であり、富の象徴、繁栄の象徴でした。それを破壊したということですから、ある意味で、それは嫉妬《しっと》によるものでしょう。文明への嫉妬を感じます。

イスラム世界には、そういう嫉妬を合理化する思想が働いています。それは、「アッラーは最高の神である。最高の神であるアッラーを信じているわれらが、こんなに貧しく、食糧もなく、内戦ばかりして苦しんでいるのに、異端の代表のようなアメリカが繁栄しているのはおかしい。これは、悪魔にあおられて繁栄しているのだ」というような考えです。

(中略)

繁栄しているほうをなくしてしまえば、自分たちが繁栄する必要はなくなります。「いまのままでも、アッラーの栄光の下に、みな平等に生きているので、これでよい」ということです。

これを見ると、やはり、少し前の社会主義とよく似た感じがあります。
（中略）
マルクス主義は、宗教ではないと言われてはいますが、『旧約聖書』の千年王国の思想を取り入れ、換骨奪胎《かんこつだったい》してつくった思想なので、やはり、宗教をバックボーンに持っています。マルクス自身もユダヤ人であり、『旧約聖書』の思想が裏に入っているのです。（中略）
そういう意味で、いま行われている戦いは、「自由」対「平等」の戦いなのです。

『宗教文明の激突』四四－四七頁

宗教、文明、文化、民族、価値観など、それぞれの相違が理解できず受け入れられなければ、異質な社会、国家との遭遇が衝突を生む可能性は高くなります。前述したハンチントン教授はそれを前提に、「文明の衝突」が世界平和の最大の脅威となるので、今後文明に依拠した国際秩序こそが世界戦争を防ぐもっとも確実な安全装置となると述べています（図表1）。

また、歴史学者のトインビーは、「文明の盛衰は、挑戦と応戦によってつくり上げられており、古い文明は新しい文明の挑戦を受けて立ち、粉砕したときにのみ生き残れるが、成功しなかった場合には滅びていく」ということを述べています。これは、歴史を学べば事実その通りです。

つまり、単に突発的な衝突が起きているのではなく、もっと根源的な価値観の衝突があるということです。たとえば、キリスト教を中心とした欧米社会は、自由、発展、繁栄の実現を求めてい

図表1

S. ハンチントン教授が示す、現代の主要文明

中華文明	日本文明
ヒンドゥー文明	イスラム文明
西欧文明	ロシア正教会文明
ラテンアメリカ文明	アフリカ文明

ます。かたやイスラム教社会は、「アッラーの栄光のもとの平等」の実現を求めていると言えます。とくに、イスラム教の求める平等的価値観によって実現される画一的な社会は、マルクス主義や社会主義に似ていると思える面があります。

すなわち、キリスト教とイスラム教の対立の本質には、「自由と平等」という価値観の対立があり、さらに奥には、価値観のもとになっている宗教文明の衝突があるということなのです。

さらに、両者の対立には、もう一つの論点があります。それは、「テロ対自由の戦い」を主張する裏に「悪魔対神の戦い」という欧米側の本音があるということです。そして、政治や一般社会が宗教と一体化しているイスラム教側からは「欧米社会は、世俗化・堕落・腐敗し悪魔に魂を売っている」と見えています。この価値観の衝突です（図表2）。

この背景には、お互いの文明・文化を認めない排他性があり、この排他性の原因には、他の宗教を徹底して排除し、自らの神しか認めない「一神教」の信仰があります。つまり、「一神教対一神教」というもっとも根源的な宗教対立の問題があるのです。

その意味で、相手の宗教に対する不信感、憎悪、怒りによる宗教対立、キリスト教文明とイスラム教文明の優劣の戦いという本質論に目を向け、問題の根源にある両者の思想、考え方の対立を解決しなくてはならないのです。

図表2

「キリスト教」VS「イスラム教」双方の見方

アメリカから観た イスラム社会	イスラム教から観た 欧米社会
キリスト教以外の宗教の開祖は地獄に堕ちている悪魔。 「一夫多妻制」のイスラム教は、動物的宗教で邪教。	世の中を堕落させ、悪くしている悪魔の国の総本山。 アメリカ的自由が貧富の格差を生んでいる。

『宗教文明の激突』『この戦争をどうみるか』参照

◇なぜキリスト教の『聖書』に、ユダヤ教の聖典（『旧約聖書』）が含まれているか

日本人は、公的に宗教について学ぶことが非常に少ないので、複雑な背景を持つ両者の知識があまりないことが多く、なおさら宗教による衝突を理解しがたい面があると思います。そこで、キリスト教とイスラム教についての基本的知識を確認しながら、両者の対立についての理解を深めていきたいと思います。

まず、キリスト教から見ていきましょう。開祖は、ご存知の通り、イエス・キリストです。教えの中心となる聖典は、『聖書』です。『聖書』には、イエスの教えや行動、イエス没後の弟子の言動などをまとめた『新約聖書』と、ユダヤ教の教えである『旧約聖書』（第2章で触れた『ヘブライ語聖書』のこと。のちに、七十人訳のギリシャ語聖書が尊重されていく）で成り立っています。

Chapter 3

ここでよく疑問として出てくるのが、なぜキリスト教の聖典にユダヤ教の聖典が入っているのかという声です。その理由は、キリスト教自体が、ユダヤ教を母体として生まれており、「一神教として同じ神を信仰している」と考えているからなのです。イエスが十二使徒たちとともに活動していた当時は、まだ「キリスト教」という名称はありませんでしたので、「ユダヤ教ナザレ派」と見られていたとも指摘されています。

さらに、イザヤ書、エレミヤ書、ミカ書などの預言書に救世主の到来が預言されている点も挙げられます。たとえば、「エレミヤ書」（第三一章三一）では、神がいつの日かイスラエルと新しい契約を結ぶことが予告されています。最初期のキリスト教徒は、イエスこそが預言書で予言されていた救世主と主張していました。イエスの到来こそ「エレミヤ書」で言われていた新しい契約とし、積極的に『旧約聖書』をイエスが救世主であったことの証明として用いたわけです（注1）。

◇キリスト教の特徴は、「愛の宗教」

キリスト教がユダヤ教を母体として誕生したことを述べましたが、教えの特徴は非常に対照的です。キリスト教は、「愛の宗教」と言われています。『新約聖書』の「福音書」に見られるイエスの言葉を見れば、愛の教えが中心であることがわかります。

これに対しユダヤ教は、「戒律」を強調する宗教です。これを「律法主義」とか「戒律主義」と言っています。しかし、イエスは当時、ユダヤの律法より「愛」を優先したのです。

この愛の教えが、数限りない人びとを苦悩から救い、二〇〇〇年の長きに渡って人類の尊敬を集めた大きな力となっていたことは間違いありません。ここにキリスト教の偉大さがあります。

イエスの愛の教えは二つに集約されると言われます。それは、「あなたの隣り人を愛せよ」と「主なるあなたの神を愛せよ」です。この二つは、イエスが律法学者に「戒律のなかで重要なものは何か」と問われた時に、答えた内容でもあります。このうち、「心をつくし、精神をつくし、思いをつくし、力をつくして、汝《なんじ》の主《しゅ》なる神を愛せよ」は、『旧約聖書』の「申命記」にも出てくる内容です。

また、特徴的なものに「敵を愛し、迫害する者のために祈れ」という教えがあります。これは一見、ユダヤ教と反対のことを言っているように見えます。なぜなら、ユダヤ教では、「目には目を、歯には歯を」という応報的考え方に中心があるからです。

しかし、神より与えられた律法の本質は、律法の形式的な遵守にはないと、イエスはとらえていました。『新約聖書』には、このようなイエスの言葉があります。

偽善な律法学者、パリサイ人たちよ。あなたがたは、わざわいである。はっか、いのんど、クミンなどの薬味の十分の一を（著者注：律法の規定に従い）宮に納めておりながら、律法の中でもっと重要な、公平とあわれみと忠実とを見のがしている。

『新約聖書』「マタイによる福音書」第二三章二三

安息日は人のためにあるもので、人が安息日のためにあるのではない。

『新約聖書』「マルコによる福音書」第二章二七

これらの言葉は、律法の形式的遵守に対する挑戦を意味しているとも言われています（浅野順一編『キリスト教概論』八三頁）。

大川隆法総裁の「幸福論」シリーズに収められているパウロの霊言（『パウロの信仰論・伝道論・幸福論』）では、次のように説かれています。

パウロ　やはり、イエスは革命家だったと思いますね。形骸化していった神の教えを、もう一度、解き放った。

つまり、神の本心というか、昔に説かれた教えじゃなくて、「今、そこに神がおられたらこうしたはずだ」という「業《わざ》」をなされたということですよね。

このような革命的思想が、世界への伝道の原動力になっていったんだろうと思うし、それまでの宗教といったら、ほとんど、みんな、民族宗教しかなかったわけで、その枠を、思想的革命で超えたというふうに思います。

前掲書、六九頁

このようにイエスの教えは、当時の「革命的思想」でもあったのです。

◇ユダヤ教の「ヤハウェ」と、イエスの言う「天の父」は同一か

イエスが帰天したあと、キリスト教では、信仰の対象をめぐって神学論争が起きます。「イエス・キリスト」が信仰対象であればまだわかりやすいのですが、くり返し述べているように、キリスト教はユダヤ教の一神教を引き継いでいます。つまり、そのままイエスを神とすると二神になってしまうので、この〝神〟の解釈をめぐってはげしい議論がなされたのです。

これらの論争を通じて正統とされたものが、「**三位一体説**《さんみいったい》」というものです。三位とは、「父（神）」と「子（イエス）」と「聖霊」の三者をさします。この三つが同質にして一体であるという解釈を立てることで、一神教の矛盾を乗り越えようとしたのです。

三位一体説
父なる神と、御子イエス、そして聖霊が、それぞれ別の体

イエスご自身は、神を「天の父」「わが父」と呼んでいました。これは、『新約聖書』の「福音書」にくり返し出てきます。しかし、ユダヤ教の教えとイエスの説く愛の教えに違いがあったように、イエスのいう「天の父」と、ユダヤ教の絶対神とされる「ヤハウェ」の性質は、あきらかに違うのです。

第2章で、ヤハウェの特徴の一つとして、マックス・ウェーバーが「民族神」的性質を指摘したことは挙げましたが、それ以外にも、「戦争神」「恐るべき自然災害の神」「ねたむ神」という特徴があると述べています（マックス・ウェーバー著『古代ユダヤ教』三一七-三一八、三二二、五九七頁）。

これに対し、福音書から読み取れる「天の父」は、他民族を殲滅するような神ではなく「すべての人を救う神」「与える愛」の神であり、人びとに厄災をもたらす神ではなく「人間に恵みをもたらす神」であり、ねたむ神ではなく「許す愛、慈悲の神」です。

このように、イエスが「わが父」と呼んだ神は、ヤハウェとは別の「愛の

格を持ちつつも実体としては一体であるという神学説。

神」なのです。すなわち、キリスト教は「偏狭な民族神への信仰」から「普遍的神への信仰」へと信仰革命を起こしたと言えるわけです。

しかし、のちのクリスチャンたちには両者の見分けがつかず、混同してしまったことが、宗教対立による混乱を生んでしまいました（二世紀ごろ、キリスト教に神秘思想を強調する**グノーシス派**が登場し、イエスが示した父は愛の神であることを主張したが、異端として排除された）。

◇「霊言」からスタートしたイスラム教

次に説明するイスラム教も、ユダヤ教とキリスト教を起源に持つ宗教です。この三宗教はともに一神教で、同じ神を信仰していることになっています。イ

グノーシス派
キリスト教のうち、神秘思想を持つ一派。異端として排除された。

スラム教の開祖は**ムハンマド**です。ムハンマドは、六世紀から七世紀にかけて活躍した方ですから、イスラム教は、キリスト教より五〇〇年から六〇〇年あとに登場した宗教です。

聖典は、『コーラン（クルアーン）』です。内容は、ムハンマド自身に降りた神の啓示で成り立っています。その意味で、ムハンマドは神の言葉を預かる者＝預言者であり、自分でも「最終にして最大の預言者」と位置付けています。

ムハンマドに神がかかってくると、意識を失うようになり、体を横たえながら、日ごろとは違う威厳のある言葉が口をついて出てきたと言います。その内容がまるで詩のようで、韻《いん》も踏んでおり非常に美しいものだったので、「これは神の言葉にちがいない」とまわりの人たちが信じるようになります。当時のアラビアでは、詩人がとても尊敬されていたので、なおさら説得されたわけです。

ですから、『コーラン』とは、すべて霊言でできています。ユダヤ教でもっとも重要な「十戒《じっかい》」も神からの啓示ですし、イエスも天の父の言葉を伝えてい

ムハンマド
五七〇頃-六三二。イスラム教の開祖。六三〇年、メッカを占領し、アラビア半島を統一した。

たのですから、神から啓示が臨むというスタイルは、宗教としてオーソドックスなスタイルの一つであることがわかります。

幸福の科学も発足時から「霊言」を発刊しております。つまり、「宗教の本道」そのものを貫いていると言えるのです。

この『コーラン』の他に重視されているものが、ムハンマドの言行録をまとめた「ハディース」です。これは、ムスリム（イスラム教徒）の規範（「スンナ」という）となっているものです。

代表的な信仰生活の規範には、「六信五行」があります。「六信」とは、①神（アッラー）②天使 ③啓典《けいてん》 ④預言者 ⑤来世 ⑥天命、の六つを信じること。「五行」とは、①信仰告白 ②礼拝（一日五回）③喜捨《きしゃ》 ④断食《だんじき》 ⑤巡礼、の五つを信徒の義務として行うことです。

たとえば、メッカ巡礼については聞いたことがあると思います。イスラム教徒は、一生に一度はカーバ神殿（メッカにあるイスラムの聖殿）へ聖地巡礼を行う義務があるのです。

◇「イスラム法」とは何か

イスラム教の大きな特徴は、シャリーアと言われる「イスラム法」にあると言えます。これは、宗教の教義と法律が一体化したものです。イスラム法に反した者が「石打ちの刑」に処されたというニュースが報道されることがありますが、イスラム教徒の生活全般を紀律しているものなのです。

イスラム法の〝法源〟の代表的なものは四つあります。まず第一は『コーラン』です。第二は、規範の意味の「スンナ」と呼ばれる、「ハディース」に示されたムハンマドの範例です。第三は、「イジュマ」と言い、イスラム法学者の合意です。第四は、「キャース」（類推）と呼ばれるものです（法源を八つ、あるいは九つで説明しているものもある）。

まず、『コーラン』を、あらゆる善悪を判断する根拠としますが、それで判断できない場合はスンナ（範例）に拠り所を求めます。それでも解決がつかない場合、イジュマに、さらにそこにも該当する範例が見当たらない場合、「コーラン」や「スンナ」から類似の範例をさがして類推するというシステムになっています。このように、「聖俗不分」が大原則なのです。

この聖俗不分に対して西欧社会は、「政教分離」「聖俗分離」が大勢を占めています（注2）。

政教分離のもとには、イエスが述べた「カイザルのものはカイザルに、神のものは神に返しなさい」（『新約聖書』「マタイによる福音書」第二二章二一）という言葉や、**アウグスティヌス**のいう「神の国」と「地の国」とを区別する考え方があるとも言われます。

この「西洋文明モデル」をもしイスラム社会が受け入れたら、聖と俗を区別することになり、イスラムの大原則を崩すことになります。イスラム教は、ここに抵抗している面があるわけです（井筒俊彦著『イスラーム文化』一四一-一四四頁）。本章の冒頭にも紹介した、ゲルナーの「世俗化する現代社会への一種の挑戦」をしているのです。

◇大帝国へと発展し、文化的高みをつくった「イスラム帝国」

現代のイスラム社会は、近代化に乗り遅れた後進国のように見える面もありますが、ムハンマド没後は大帝国へと発展しています。

アウレリウス・アウグスティヌス
三五四-四三〇。初期キリスト教の西方教会最大の教父。

まず、四代目までの指導者の時代を「正統カリフ時代」といいます。カリフとは、ムハンマドの死後、イスラム共同体（ウンマ）の指導者（預言者）として立つ代理人のことを言います。四代目のカリフは、ムハンマドの娘婿で、ムハンマドの片腕だったともいえる**アリー**ですが、最後は暗殺され、その後イスラム共同体は、今日に言う「**スンニー派**」と「**シーア派**」に分裂していきます。

スンニー派のスンニーは、規範の意味をさす「スンナ」からきていて、ムハンマドの教えに従うという意味です。シーア派のシーアは、四代目カリフのアリーを支持するという意味です。正統カリフであるアリーの子孫だけが、イスラムの指導者だと考える派です。この正しい後継者を「イマーム（指導者）」と呼んでいます。

イスラム教においては、スンニー派が大多数で、シーア派は少数派になっていますが、イラン・イラク国民の大半はシーア派です。この両派の対立も中東の争いの火種になっています。

アリー・イブン・アビー・ターリブ
六〇〇頃-六六一。イスラム教の四代目正統カリフで、シーア派の初代イマーム。

スンニー派
慣行を重視するイスラム教の二大宗派の一つ。

こうした分裂もありますが、イスラム教は、宗教・政治・軍事を一体化させ、ものすごい勢いで領土を拡大していきます。八〇〇年ごろが最盛期で、南アジア全土、北アフリカ沿岸、地中海の島々、イベリア半島まで領土を拡大しました。これが「イスラム帝国」（サラセン帝国）と言われるものです（図表3）。

文化的にも非常な高みをつくり、この文化の高みが、ヨーロッパに流れ、一種のルネッサンスを起こしたのです。たとえば、アリストテレスなどのギリシャ哲学も、多数アラビア語に翻訳されています。実は、ギリシャ哲学の研究はヨーロッパより、イスラム世界のほうが、先行していたのです。他にも、砂糖、コーヒー、シャーベットなどもイスラムからヨーロッパに入っていったものだと言われています。このことを、一四世紀から一五世紀に興ったルネッサンスと区別して、「一二世紀ルネッサンス」と言います。

その間（一〇九五年から一二九一年の二〇〇年間）、キリスト教国による「**十字軍**」との戦いが計八回行われ、イスラム教国は大打撃を受けました。

シーア派
指導者を重視するイスラム教の二大宗派の一つ。アリーを正当なカリフ後継者とする。

十字軍
中世ヨーロッパのキリスト教諸国が、イスラム教から聖地エルサレムを奪還するために派遣した遠征軍。

◇イスラム教が信仰する「アッラー」とは

イスラム教の信仰対象は、「アッラー」です。これは、固有名詞ではなく、「神」を表す言葉です。そして、ユダヤ教、キリスト教と同じく唯一なる神のみを崇拝します。

学ぶべき教えとして信徒に義務付けられているものには、すでに紹介した『コーラン』だけではなく、キリスト教の『新約聖書』、ユダヤ教の『旧約聖書』も含まれています。つまり、イスラム教は、先発のユダヤ教もキリ

図表3

イスラム帝国最盛期の領域（800年頃）

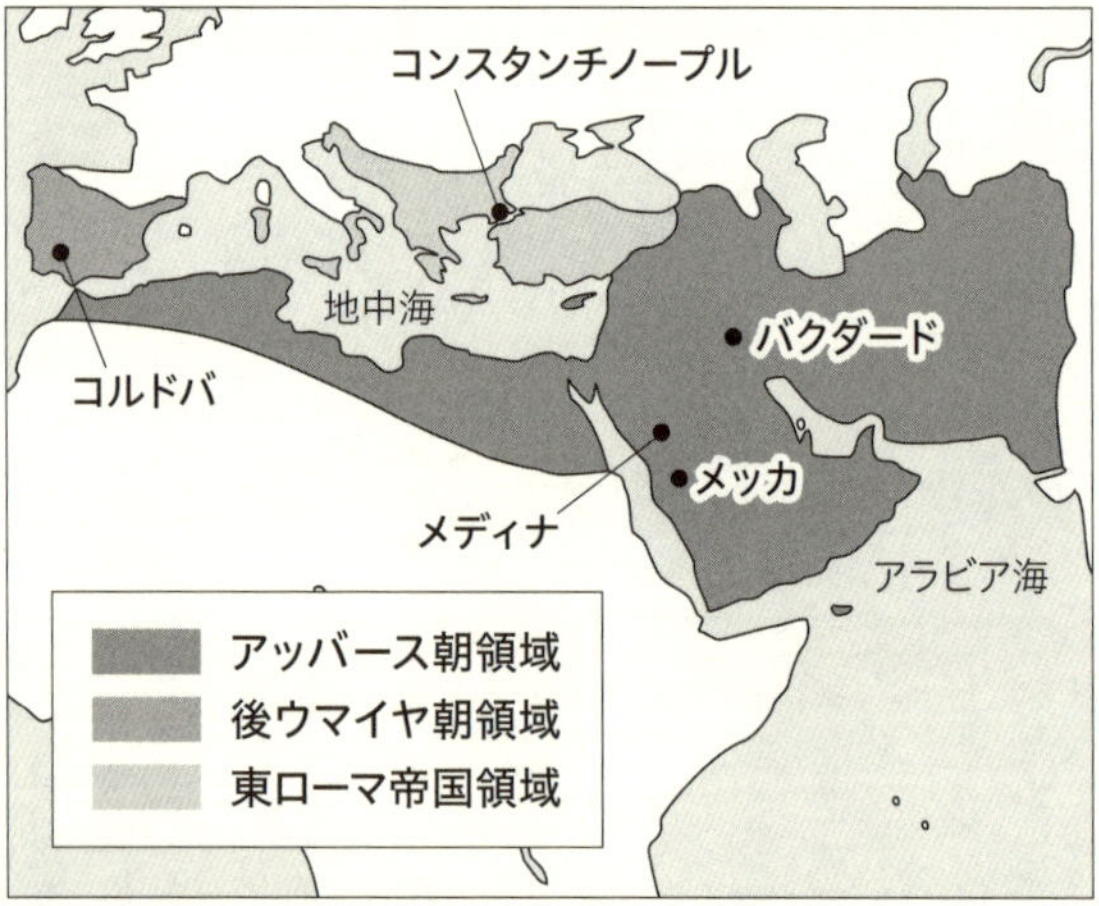

Chapter 3

スト教も同じ神を信じる者（これを「啓典の民」という）として受け入れているのです。

たとえば『コーラン』には次のように書かれています。

（ユダヤ教徒やキリスト教徒に）言ってやるがよい、お前たち、アッラーのことで我々と言い争いをしようというのか。アッラーは我々の神様でもあれば、お前たちの神様でもあるものを。

（前掲書〈上〉、四一頁）

では、アッラーとはどのような神なのでしょうか。『コーラン』を読むと、すべての章は、「慈悲ふかく慈愛あつき神の御名において」という言葉からはじまりますから、一つには「慈愛ふかい神」です。

また、「復讐の神」という性質も表れています。たとえば、このような記述があります。

もしアッラーの下さる神兆に不信の態度を取るような者があれば、いまに厳しい罰に合うであろうぞ。アッラーはその権能限りなく、恐ろしい復讐の神におわします。

（前掲書〈上〉、八六頁）

これはまさに、『旧約聖書』の「ヤハウェ」的側面によく似ています。このように、神の持つ矛盾した二面性から、「神には**ヤヌス的性質**がある」といわれます。

『コーラン』に登場するアッラーにも、「やさしい」「情深い」〝ジャマール系統〟と、「罰する者」という〝ジャラール系統〟の二面性があるといわれています（井筒俊彦著『「コーラン」を読む』七四頁）。

ヤヌス的性質
神の持つ両面性。頭の前後に二つの顔を持つローマ神話の神・ヤヌスから来ている。

先に、「ユダヤ教やキリスト教は一神教といいつつも、幸福の科学教学から『聖書』を分析するかぎり、複数の神が登場しており、とくに慈悲の神、愛の神としての側面（エローヒム、天の父）と、民族神的性質の強い偏狭な神（ヤハウェ）が混在している」点を指摘しました。同様にイスラム教の「アッラー」の性質を分析すると、性質の違う神が存在していることが指摘できるのです。

さらに、『コーラン』のなかにも、アッラーが、「われ（わし）は」と単数形で述べているところと、「我ら（われわれ）は」と複数形で述べている箇所が混在しています。

イスラエルの子らよ、わしが汝らに施してやったかつての恩恵を憶《おも》い起すがよい。そしてわしとの契約を履行せよ、さすればわしもまた汝らとの契約を履行しようぞ。

（前掲書、一九頁、訳者注は省略、傍線は著者）

かくて我ら天使らに向って、「ひざまずいてアーダムを拝せよ」と言えば、彼らはすべて跪拝《きはい》した、が、ただひとりイブリースだけは、傲岸不遜にもそれを拒み、かくして背信の徒となった。

（前掲書、一八頁、訳者注は省略、傍線は著者）

「我ら（われわれ）」という言い方は、一般には「アッラーの自称」と解釈されているようです。しかし、「われわれは」と述べている意味は、実はムハンマドに啓示していた神が、一人ではなく複数いることを示していると大川隆法総裁は指摘しています。

『コーラン』には、アッラーが自分を単数形で表している場合もあり、「われは」と言っている場合と、「われわれは」と言っている場合との両方が載っています。そして、それは言葉どおりなのです。「われわれは」

と言っている場合には複数の天使がいたのであり、天使団が通信しているときに、その言葉を使っていたわけです。

『君よ、涙の谷を渡れ。』一三五―一三六頁

そして、この天使団の中心に位置する「アッラー」そのものが、中東・ユダヤの預言者に啓示を与えていたエルの神、エローヒムであるという驚愕の事実が、「アッラーの霊言」によってあきらかにされています。

アッラー （一回、深呼吸をする）アッラーというのは、エローヒムのことなんだよ。（中略）アッラーはエローヒムの「アラビアに現れたときの名前」だ。それがアッラーだ。（中略）

だけど、「ヤハウェ、エホバはエローヒムだとは特定できない。天地創造の『創世記』等が、ヤハウェ、エホバの手になるものであるとは思え

ない。混同がある」ということだ。

あの天地創造の物語は、実は、メソポタミア神話を、モーセ等が『旧約聖書』に取り入れて書いたものである。古代からの伝承を『聖書』にして書いたものであり、メソポタミア系の神話が入っている。そのなかにはエローヒムやアルファの考え方が入っているし、アッラーのもとにあるものは、エローヒム、当時の中東を指導していた神そのものであるわけですね。

『「ヤハウェ」「エホバ」「アッラー」の正体を突き止める』一三五 − 一三六頁

ここには、ヤハウェ、エホバ、エローヒムの三つの神の名が登場します。とくに、ヤハウェとエホバは同じ神であると言う場合も多いのですが、幸福の科学の霊査によれば、「他の神に対する妬む神」として現れているのが「ヤハウェ」、旧約の預言者であるエリヤの時代に、邪神であるバールを信じる人びとに雷を落とすような「裁きの神」として現れているのが「エホバ」、愛や慈悲の側面を現わしている神が「エローヒム」であることを突き止めています。

また、「エローヒム」は「エル」の複数形であるとも言われますが、ここでは、地球神エル・カンターレの本体意識が、かつて地上に下生《げしょう》された際の御名である「エローヒム」のことを示しています。つまり、霊的真相としては、「エローヒム」は、神として中東の人びとを導き、その後「アッラー」として、イスラム教を指導されているのです。

すなわち、ユダヤ教・キリスト教・イスラム教が信仰するほんとうの唯一なる神とは、愛の神・エローヒムであると考えるのが正しい認識ということになります。

◇一神教出現の積極的意義

ここまで、一神教の混乱の原因について、ユダヤ教・キリスト教・イスラム教の神概念から検証してきましたが、一神教出現の積極的意義についても考察しておきましょう。混乱の原因としての〝負〟の面ばかりではなく、一神教が歴史的に現れた積極的意義も同時にあるからです。それは、第2章でも触れた、旧《ふる》くなった宗教のイノベーションという側面です。

イスラム教を例に考えてみます。

ムハンマド在世時の中東の多神教のなかには、石の神や木の神など自然崇拝的なものも交じっていたといいます。多神教やアニミズム的信仰がいき過ぎると、本来、神ではない動物霊などの低級な霊への信仰や、迷信、タブーなど旧い習俗的習慣などが強くなり、かえって社会の発展の阻害・停滞要因となることがあります。一神教にはそれらを一掃する〝体系的廃棄〟としての意義がありました。

つまり、ムハンマドの行ったことは、「低級なものをいったん御破算にし、最も優《すぐ》れた神を立て、それに一本化していこう」と高等宗教への脱皮を図った「宗教改革」の側面から、評価できるのです。（『「黄金の法」講義』一四〇頁）

◇イスラム教に見る「一神教出現の意義」

――部族制度の打破と人間性の解放

さらに具体的に見ると、イスラム教がイノベーションをもたらした第一の面は、当時のアラビア社会における「部族制度の打破」です。

イスラムが起こる以前の時代のアラビアを、「ジャーヒリーヤ（無道時代）」といいます。その特徴は、近代あるいは現代的意味での「個人」がないことが挙げられます。部族的、家系的規定のはっきりしている人だけが「人間」であり、その他のものは、人間とは見做《みな》されず、「奴隷」もしくは「人でなし」と見做されていました。

イスラム教が興るころには、何か悪いことをして部族から追い出された、あるいは絶縁された「人でなし」が浮浪者となって砂漠に多数いたといいます。日本でいうならば、「村八分」に近いでしょう。

そこにイスラム教が、信仰を中心としたウンマを形成することで、古来の部族制度が打ち破られ、「神と個人」という関係性がつくられたのです。その結果、アラビア社会の個人の人間性の解放と、イスラム教の世界宗教への飛躍を可能にしました。

第二のイノベーションは、アラビア社会を強力に支配していた旧い慣習＝スンナの打破です。先祖伝来のやり方を一歩も変えまいとし、新しいことをすれば宗教的には神聖の冒涜に、社会的には犯罪になるというのが、当時の常識でした。そのもとにあったのが、アラビア社会の多神教です。その結果、社会は停滞します。これに対しムハンマドは、アッラーを唯一なる神とする「絶対一神教」を打ち立て、多神教のスンナを打ち破ったのです。

つまり、イスラムに基づいた新しい習慣を創造し、社会変革を起こしたわけです。先に述べた通り、その後イスラム社会は、堰《せき》を切ったように急激な発展を遂げていきます。

第三は、唯物的合理主義の打破です。当時のアラブの人たちの人生観は、「人生は一回限りであり、死ねばゼロになる」という刹那《せつな》的なペシミズム、悲観論的人生哲学に支配されていたと言われています。しかし、『コーラン』には、次のように記されています。

「どうせこの世は一生かぎり。生きて死ぬ、ただそれだけのこと。『時』がわしらを滅ぼすまでのこと」などと彼らは言う。実は、なにもわかってはおらぬ。

（前掲書、一三六頁）

「来世や魂の復活などの『霊的人生観』は理屈にあわない（合理的でない）」と拒否する勢力が主流のなか、ムハンマドを中心としたイスラム教は、この刹那的人生観、この世的人生観を徹底的に打ち破るべく戦っていました。その意味で、一種の霊性革命的側面を持っていたと言えるのではないでしょうか。

ただし、負の面もあります。

ムハンマドと対立したクライシュ族の多神教の神は、九十九の名を持つとされていますが、「アッラー」はそのなかでも特に「最大の名」として知られていました。

この、アッラーを至高神としつつ他の神々をも認める多神教に対し、「アッラー以外はすべて偽物の神か悪魔である」と切って捨てたところに争いの原因が生まれ、現在まで、多くの血が流れる温床《おんしょう》になっている点は、やはり否めません。（井筒俊彦著『「コーラン」を読む』六八、二六四－二七〇、二八三－二八五、三〇九－三一二頁／『「黄金の法」講義』一三七－一四二頁参照）

◇「宗教対立」と「文明の衝突」を克服するキー

ここまで、キリスト教とイスラム教の大枠の特徴を概観してまいりましたが、結局、両者の対立のもとには、「ヤハウェ」「アッラー」という、それぞれ違う神の名のもとの「神の正義」の衝突があるのだと言えます。その意味で、両者の対立を解決する鍵は、「正しさ」についての理解にあるのではないか、と思えるのです。

幸福の科学教学では、**「正しさ」には、段階がある**と考えています。善悪を分ける最初の段階の正しさとは、**「善悪を分ける」**というものです。善悪を分けるところに智慧が顕れてきます。つまり、神仏の心に合致した考えや行動と、そうでないものを峻別することです。その基準が、仏法真理（教え）です。

たとえばイスラム教は、「あなたはわたしのほかに何ものをも神としてはならない」（『旧約聖書』「申命記」第五章七）「アッラーの外に神はなし」と各々の教えにあり、これを基準に他の宗教を異教として排斥しています。こうした善悪二元からくる〝正しさ〟が衝突し、宗教対立の原因の一つになっていると考えられるわけです。

しかし、この段階の「正しさ」は最終ゴールではなく、実は修行論の初歩でしかないことも事実です（『悟りの原理』四九‐五〇頁）。なぜなら、正しさには、次なる段階があるからです。

それは、「**真理には多様性がある**」という認識です。天上界には神格を持った高級霊が数多く存在し、キリスト教、イスラム教、ユダヤ教、日本神道など、それぞれの立場で人びとの救済のために活動しています。だから、正しさは一つではなく、多様性があります。また、真理は、その時代、その地域に合わせて、地上で人生修行を送る人びとを導くために、姿かたちを変えて説かれています。これが、さまざまに宗教が分かれている理由なのです。

この「正しさの多様性」を探究することで生まれてくるものがあります。それが、「宗教的寛容」です。ここに、「宗教対立」と「文明の衝突」を克服するキーがあると思います。

自分の信仰する宗教以外がすべて間違った信仰（＝悪魔の教え）なのではなく、相手も自分の信じる神と同じく尊い神のもとに生かされていると知ることは、相手を理解する鍵となるはずです。理解できたなら、相手を許し、愛することができます。つまり、宗教的考え方、行動の中心に「徳」を据えることこそ大切なのです（『宗教の挑戦』参照）。

イスラム教自体は、もともと残虐な宗教ではありません。すでに確認してきましたように、発祥時には、ユダヤ教もキリスト教も受け入れる態度を示していましたし、他部族と宗教的共存を目指した「マディーナ（メジナ）憲章」もありました。興隆期にはキリスト教徒、ゾロアスター教徒、ユダヤ教徒、ヒンドゥー教徒などの多様な宗教を許容する統治政策（ミレット制）があり「平和と寛容」を旨としていました。

こうした原点の精神にイスラム教自身も回帰すべきです。寛容さとは、相反する価値観を両立し包摂する力、善悪二元の正しさの奥にある価値観の多様性を受け入れられる器であり、ここから「徳」が生まれます。力で相手を殲滅することのみが正義ではないのです。

Chapter 3

◇正しい「神概念」の浸透が、ワールド・ジャスティスを確立する

しかし、正しさには多様性があるからといって、多様のまま放置しておくことが正しさの極致ではありません。三段階目の正しさは、その**多様性の奥にある「一《いっ》なるもの」を知り、そのもとに人びとが心を一つにすること**です。その一なるものが根本仏、創造主であり、地球においては、地球神の心に合わせることが、正しさとなるはずです。

すなわち、「善悪・正邪を見抜くこと」「多様なる価値観を受け入れること」「地球人類の心を一つに結び付ける一なる神、地球神の御心を知ること」、これらすべてを含むものが「正しさ」であり、正しい「神概念」なのです。

地球神のことを、幸福の科学教学では「エル・カンターレ」と呼んでいます。

中東でエルの神、エローヒム、そしてアッラーと呼ばれたご存在であり、イエス・キリストが「わがアバ（父）」と呼んだ「天の父」です。この地球神エル・カンターレこそ、人類を見守り、人びとを救い導くために、モーセも、イエスも、ムハンマドも地上に使わされた〝その人〟なのです。

このような真実の「神概念」を、宗教・民族・言語・人種を超えた〝人類共通のインフラ〟とすることによって、ワールド・ジャスティスと世界平和＝地球ユートピア実現への道が開かれていくと確信しています。

（注1）この他、バビロン捕囚後に誕生した、心のなかへ回帰する律法というユダヤ教の概念を、イエスが継承している点も指摘されている。この『旧約聖書』の思想とイエスの思想に明確な連続性があることから、『旧約聖書』もキリスト教の聖典とされている。

（注2）西欧の多数を占めるキリスト教国は、たとえばアメリカ大統領就任の際、『聖書』に手を置き宣誓しているように、キリスト教精神によって成り立っている点、完全な「政教分離」とは言えない面がある（ただしフランスは政教分離が徹底されている）。しかし、かつての十字軍、植民地政策、軍事などの政治的行動は、必ずしもイエスの愛の教えに則っているとはいえない。この意味で、政教は分離されている。

第4章

人間は原罪を背負った「罪の子」なのか

——人間を苦悩から解放する「罪と救い」の関係

あなたがたは「罪の子」ではありません。

あなたがたに、罪はないのです。

私はすでに、あなたがたを許しました。

ですから、これより後、

私はあなたがたと共にいます。(中略)

あなたがたが、いかなる苦しみのなかにあるときも、

いかなる時も、いかなる場所にあっても、

私はあなたがたと共にいます。

共に苦しんでいます。

『Be Positive』41-43ページ

◇どちらの「罪」が大きい？

読者のみなさまは、宗教的な「罪」について、次のように問われたらどうお答えになるでしょうか。

〈質問〉知って犯す罪と、知らずに犯す罪のどちらが大きな罪になるか？

「それは知って犯す罪のほうが大きいよ。だって、確信犯なんだから。」

「それが罪だって知らなくて犯したなら、間違ったってしかたがないよ。」

このように考える方もいるかもしれません。

たとえば、ユダヤ教の罪の解釈には、こういうものがあります。

①ペシャ／メレッド：意図的に犯された罪、作為的な違反や反逆

②アヴォン：性欲や制御不能な感情によって犯された罪（社会的、道徳的違反や罪責）、もしくは罪に対する罰

③ヘット：意図のない罪、犯罪、もしくは過ち（社会的儀礼的な過ち）

（長窪専三著『古典ユダヤ教事典』三一七―三一八頁／長谷川三千子著『バベルの謎』他参照）

このなかでいちばんの重罪が①の「ペシャ／メレッド」と言われる「意図的に犯された罪」です。とくに「ペシャ／メレッド」には、意図的に神を冒涜すること、神への反逆も含まれていますので、確かにうなずけます。②③は、非難の対象にはあたらないものがあるとされ、①と比べると軽罪ということになります。

「やはり、そうではないか」と、結論付ける前に、もう一つ対極的な見方も提示させてください。それが、ユダヤ教の開祖にあたる「モーセの霊言」によ

る、モーセ自身の言葉です。

知らないで犯す罪のほうが大きいのです。知らないということ自体がさらに大きな罪なのです。

知って犯す罪には抵抗があり、良心の呵責《かしゃく》が生まれてくるのです。やむをえない事情も出てくるのです。知って犯す罪というものは、本人の善良なる心と悪なる心とがてんびんにかけられ、悶《もだ》えながら悪をやってしまったということです。知らないで犯す罪というものは、それさえも知らずに犯すということであります。

『大川隆法霊言全集　第6巻』五二頁

つまり、知って犯す罪よりも、知らずに犯す罪のほうが大きいという見解です。仏教で説かれる「無明《むみょう》」もこの考え方に近いところがあります。「無明」

とは、真理に無知な状態を言います。そして、この無明から「惑《わく》・業《ごう》・苦《く》」という「三道」が生まれ、人間の苦しみをつくっていくと考えられています。この惑いの状態、苦しみの状態は、ある意味で人間の罪と言えるのです。

◇「罪」とは何か

では、何をもって人間の「罪」と言うかを整理すると、悪や罪は二つの面から考えられるでしょう。

第一は、その宗教の教え、戒律に反することを行った時です。

第二は、実行まで至らなくとも心のなかでそれを思ったことも罪とされることが宗教ではあります。

惑・業・苦

仏教の教え。「まず惑いがあり、間違った行動をしてカルマ（業）をつくる。そこから苦しみが生まれる」という意味。

仏教においてもキリスト教においても、その祖師たちは、行為だけではなく心の思いを罰するところまで説いています。

古代インドでは、夫ではない男性と手をつないで一緒に歩いているだけで、邪婬戒《じゃいんかい》を犯したことになりました。また、心のなかで婬《みだ》らなことを思っただけでも罪であるとされました。それくらいの厳しさがあったのです。これを現代にそのまま適用するのは無理があるとは思いますが、根本のところは、しっかり守っておく必要があります。

『愛、無限』四六頁

あとにも触れますが、仏教では、人間の悪しき精神作用を「煩悩」といい、反省の対象としています。その代表が、「貪《とん》・瞋《じん》・癡《ち》」の心の三毒（前述した「惑」にあたる）と言われるものです。

〈心の三毒〉

◇貪：貪りの心
◇瞋：怒りの心
◇癡：愚かな心

これらはすべて、心のなかで思っている内容を対象としているものです。釈迦教団は、定期的に集会を行い、その集会で、罰則規定を読み上げて、「これに反した人はいませんか」と問うていました。それに反した思いや行いをした比丘《びく》・比丘尼《びくに》は、皆の前で罪を告白し、懺悔《さんげ》をします。これを懺悔羯磨《こんま》といいます。

懺悔は、キリスト教でも行いますが、罪を正直に告白することです（キリスト教では〝ざんげ〟、仏教では〝さんげ〟と言う）。羯磨は、会議のことです。つまり、みんなの前で懺悔する「公開反省会」を開いていたわけです。

現代人の感覚からすると、多少厳しすぎるように感じるかもしれません。その厳しさは当時でも同じだろうと思います。

「**仏法は王法を超える**」という言葉がありますが、たとえば、犯罪者が出家した際、国王も手出しをせず、国法が及ばなかったと言われます。王法とは国の法律のことです。つまり、出家者は国法が取りしまる行動以前の、心の内面までチェックして修行していて、ある意味では、国法よりもっと厳しかったわけです。ここまで自己を律していたからこそ、釈迦教団は非常な信頼と尊敬を受け、王法を超えていたのです。

罪とは何か。悪・罪を犯すと人間はどうなるか。また、その罪から救われるにはどうすればよいのか。これについての教義の違いが、宗教や宗派の違いとなっている面が大きいとも言えます。そこで、各宗教では、この「罪」をどうとらえ、考えているか、「罪」の思想の比較をしてみたいと思います。

仏法は王法を超える

原始仏教時代、出家して仏陀のもとで修行している者であれば、王であっても逮捕できなかったという故事。

◇「罪」の思想の比較宗教学

〈1〉戒律を破ると罪になる（ユダヤ教・イスラム教・仏教）

ユダヤ教は、律法（戒律）を守らないことが罪であると考えています。『聖書』には、「異邦人」とか「罪人」という言葉がよく出てきます。日本人がこれを読むと、異教徒が罪人扱いになっている理由がよくわからないので混乱するのですが、要するに、ユダヤ教徒でない異教徒は、ユダヤ教の戒律のもとに生活していないので、罪人（つみびと）とされるのです。

また、「病人」「娼婦」「精神疾患《しっかん》」も罪人とされ、救いはないとされました。この方がたも、結局、〝戒律を守れないので罪人〟なわけです。

イスラム教は、さらに厳格な戒律主義と言われます。イスラム法、シャリーアを破れば罪とされます。しかし、この戒律が、基本的人権が尊重される欧米的価値観からは野蛮に見え、悪魔の教えのように見えている面があるのです。

仏教は、修行のための「**戒**」と教団ルールである「**律**」があり、冒頭で触れたように、ルールを破ると「反省」することとなります。（図表1）

〈2〉原罪論（キリスト教）

次に、有名なキリスト教の「原罪論」があります。

「彼ら（著者注：アダムとイブ）は、エデンの園においてユートピア生活をしていたが、禁断の『知恵の木の実』を食べて追放刑を受けた。そのため、男性は、レイバー（labor）、労働をしなければいけなくなり、女性には、お産の苦しみ、陣痛の苦しみがもたらされた」というわけです。

戒 自主的に定めて守るもの。

律 罰則のあるルールのこと。

この思想が、西洋型労働観をつくっているとも言われています。要するに「働くことは罪の罰であり苦役《くえき》である」という思想です。

もちろん、マックス・ウェーバーが『プロテスタンティズムの倫理と資本主義の精神』で言及していた「仕事は隣人愛の実践でもある」という見方や、**カルバン**の「予定説」のように、「救われるかどうかは神しかわからないが、天国にいけると信じて一生懸命働いてこの地上に神の栄光を顕せ」という教えもあります。しかし、欧米人によく見られる、「早く〝リタイア〟して、悠々自適で遊んで暮らそ

『仏教的幸福論』九九頁

図表1

各宗教の戒律

ユダヤ教	律法	
イスラム教	イスラム法	
仏教	戒	五戒・六法戒・八斎戒・十戒・大乗の十善戒
	律	波羅夷《はらい》法・僧残《そうざん》法・不定《ふじょう》法・捨堕《しゃだ》法・波逸提《はいつだつ》法・悔過《けか》法

う」という発想には、労働が苦役・罰という『聖書』の刷り込みがあるからではないでしょうか。

　これと比較すると、日本の労働観はまったく違います。働くとは、〃はたをらくにすること〃とも言われ、人の役に立つことを喜びとする勤労観があります。「勤労感謝の日」に行われる新嘗祭《にいなめさい》は、天皇が祭司となって、神々に新穀を備えて祀《まつ》っています。ですから、勤労は神聖なもの、御神事でもあるのです。これは、宗教的思想の違いによると言えるでしょう。

「原罪」について、もう一つ付け加えておきたいと思います。幸福の科学の信者でクリスチャンの方のお話を伺うと、よくお聞きするのが、「仏法真理に出会うまで、『自分は罪の子である』ことに怯えていた。苦しんでいた」という声です。

　たとえば、コンゴ共和国のある男性信者は、このように述べていました。

ジャン・カルバン

一五〇九-一五六四。スイスで活躍したフランス人宗教革命家。

コンゴはキリスト教国で、国民の多数がカトリックですが、そこではずっと、「人間は堕落して、その罪があるから神様から離れていると教えられていた。これでみんな苦しんでいる」というのです。

このキリスト教にある「人間罪の子の思想」「原罪論」は、後世の弟子の解釈、キリスト教神学から強調され出した思想でもあります（注1）。

具体的には、どこからこの思想が出てきたのかというと、よく挙げられるのが、『新約聖書』にある**パウロ**が書いた「ローマ人への手紙」の一文です。（第五章一二）。

> このようなわけで、ひとりの人によって、罪がこの世にはいり、また罪によって死がはいってきたように、こうして、すべての人が罪を犯したので、死が全人類にはいり込んだのである。（著者注：「ひとりの人」とは、アダムのことを指す。）

パウロ

前一〇頃・六五頃。初期キリスト教の宣教師。ユダヤ教徒としてキリスト教徒の迫害に加わったが、「ダマスコの回心」後、国外へ大伝道した。

これに関する論点として、三つ挙げておきます。

原罪論の問題点（i）

第一は、キリスト教最大の教父といわれるアウグスティヌスの、「アダムの原罪の結果は、アダムの子孫に、その誕生の時から発現する」という主張で、「アダムが罪を犯した時、万人はアダムのなかに居たのであるから、万人も罪を犯した」というものです。これは先ほどのパウロの言葉を受けたものです。（石脇慶總著「『原罪論』についての一考察」「南山宗教文化研究所研究所報」第4号参照）

このように解釈すると、すべての人類は原罪から逃れられなくなります。キリスト教神学の解説書には、私たち人間が欲望や誘惑に陥りがちな弱い意志を持っている理由として、「アダムが神に対して犯した罪（原罪）が原因であり、人間の力でこれを克服することはできない」というような説明をしています（A．E．マクグラス著『キリスト教神学入門』他参照）。

ではどうすればよいのか。「その唯一の救われる道が、イエス・キリストを信じることである。キリスト教の信仰によってのみ救われる。だから改宗しなさい。」このような**伝道**の論理が出てきたわけです。

もちろん、こうした思想は、イエス自身の言葉にはありません。イエスの言葉を見てみると、むしろ逆の思想が見て取れます。

『隣り人を愛し、敵を憎め』と言われていたことは、あなたがたの聞いているところである。しかし、わたしはあなたがたに言う。敵を愛し、迫害する者のために祈れ。こうして、天にいますあなたがたの父の子となるためである。天の父は、悪い者の上にも良い者の上にも、太陽をのぼらせ、正しい者にも正しくない者にも、雨を降らして下さるからである。あな

伝道
自らが信じる宗教の教えを伝え、信仰を弘める行為。

たがたが自分を愛する者を愛したからとて、なんの報いがあろうか。そのようなことは取税人でもするではないか。兄弟だけにあいさつをしたからとて、なんのすぐれた事をしているだろうか。そのようなことは異邦人でもしているではないか。それだから、あなたがたの天の父が完全であられるように、あなたがたも完全な者となりなさい。

『新約聖書』「マタイによる福音書」第五章四三－四八

ここから見て取れるのは、「人間は罪の子で永遠に罰されている」というよりは、「あなたがたも天の父の心を実践することによって、父のように素晴らしい存在になれる」という思想です。

つまり、もともとのイエスの思想とは違う、後世のキリスト教神学による「原罪」の思想によって、多くの人が怯え、苦しんでいる面があるのではないかとも考えられるのです（注2）。いちばんの問題は、「原罪論」を基底にした

「人間罪の子の思想」からは、論理的に見て、愛の思想が出てこないのではないかと思える点です。

なぜでしょうか。

幸福の科学教学では、愛のもとにあるのは「感謝の心」であるととらえています。すなわち、感謝から生まれた報恩こそ本物の愛であるという考えです。

この愛の思想について、幸福の科学の経典には次のように説かれています。


与える愛とは、まず「感謝する」ということからはじまってゆくのです。仏からすべてを与えられていることをまず感謝することです。（中略）他の存在へ愛を与える第一歩が、そこにはじまるのです。

『太陽の法』一八〇頁

愛とは何であるか、よくよく心に問うてみるがよい。

愛とは、
「あなたがたが、いかほど与えられているか」ということを、
そして、「仏からすべてが与えられ尽くしている」ということを、
発見し、自分のものとしたときに、
おのずから感謝として湧き出でてくるものなのだ。

『愛、無限』一二三頁

仏教には、この考え方があります。すなわち、すべての人間は、仏によって、仏と同じ性質を与えられているという「人間仏の子の思想」です。

みずから自身が神の一部として、仏性を持ったものとして、地上に顕現しているということの認識そのものには、与えられているということに関する感謝があるのです。すなわち、この感謝の考え方というものが、

仏性
仏になる可能性のこと。幸福の科学

仏教の基礎にあるということです。

一九八八年九月二三日法話「『イエスキリスト霊示集』講義」

キリスト教の「人間は罪の子である」という発想には、神からすべてを与えられているという考えはないでしょう。ということは、論理的に考えるならば、右に示される、ほんとうの意味での「感謝」が出てこないのです。「感謝」が出てこなければ、ほんとうの純粋な愛は出てこないわけです（注3）。

キリスト教の特徴は、「愛の宗教」であると第3章で確認しました。しかし、「原罪」「罪の子」を根底に据えているかぎり、右記のような意味での「感謝から『愛』へ」という流れが出てこないのですから、この部分については、本来の「愛の宗教」とは別種の思想が混じっていると見えるのです。

教学では、すべての人間、生き物、植物、鉱物には仏性が宿されているとする。

原罪論の問題点（ii）

第二に、「原罪論」は、「罪の原因は、アダムの原罪である」とするため、自己責任の思想がない点も、宗教的には課題が残るところです。なぜなら、究極的な救いにつながらないからです。『真実への目覚め』のなかでは、このように指摘されています。

悪い事情があったときに、例えば、「原罪という、はるかなる昔に人類の祖先が犯した罪により、今の私は、こんなに不幸なのだ」と考えても、それによって今の自分が救われることはありません。

「原罪」という思想は、信仰を立てたり、人間としての間違いを反省し、懺悔《さんげ》したりするためには、役に立つこともあります。しかし、それによって現在ただいまの自分のすべてを説明するわけにはいかないのです。

前掲書、五四頁

自分に降りかかる不幸や苦しみは、アダムのせいではなく、自分自身の心に原因があります。悪い事情を環境のせいにすることによって、いまの自分は救われることはありません。ここに原罪論の問題点があると言えるのです。

原罪論の問題点（ⅲ）

第三は、「罪」の報いは死であるとし、万人に「死」が与えられていることを「原罪」の根拠としている点です。

確かに、万人が「死」から逃れられないことは、仏教でも「生《しょう》・老《ろう》・病《びょう》・死《し》」の「四苦《しく》」として説明されています。しかし、仏教では「死」を人間の罪の報いとは考えていません。「四苦」の教えには、この世は仮の世であるとい

四苦
仏教の教えで、人間にとって逃れられない苦しみのこと。

う「無常観」の思想があります。「この世のものは移ろいゆくもの、滅びゆくものだが、肉体が滅んでも滅びない『魂』こそが人間の本質であり、この世を去ったあの世こそ実在である」という霊的実相を示すものです。

幸福の科学教学でも、こうした**「霊的人生観」**を持つことこそ、この世とあの世を貫く幸福をつかむ「真実の人生」であると考えています。人間には生き通しの命が与えられている。つまり、「死は、罪の報いではなく、この世の人生からの卒業であり、次なる『生』への成長のステップである」あるいは「霊的自己に目覚める悟りの喜びの源泉となっている」と言えるのです。

〈3〉「業《ごう》」の思想（仏教）

罪に近いものとして、仏教にある**「業《ごう》」「カルマ」**の思想が挙げられます。

「今世犯した罪は、今世のうちに刈り取ることができなければ、来世、魂の

霊的人生観
人間とは、魂が肉体に宿り修行をしている存在であるという人生観。

業（カルマ）
仏教の概念で、行動などの「因縁」によって生まれるもの。

宿題として持ち越され、刈り取ることとなる」という思想です。幸福の科学教学では、この「業」を、魂の記憶として残るものであることから、「魂の傾向性」として現代的にとらえなおしています（『釈迦の本心』一九三頁参照）。業には両面あり、善い業も悪い業もあります。

法則性から見れば、業にはよい面も悪い面も両方ありうるわけですが、業は主として否定的な面でとらえられることが多いようです。仏教の世界では、長いあいだ、不幸を解決する方法として、「それは前世からの業なのだ」という考え方がよくとられてきました。

『釈迦の本心』一九〇－一九一頁

「悪しきカルマ」の部分は罪にあたり、「魂の悪しき傾向性」を指していると言えるでしょう。そして、「悪しき傾向性」が生じる原因は、本章の冒頭でも触れた「無明」にあると仏教では考えられています。無明とは、真理の光がさしていない状態で、真理に対して無知であるということです。

したがって、「無明」に真理の光を灯し、「善い魂の傾向性」をつくっていくためには、正しい仏法真理の知識を学ぶこと、真理を知ることから始まるのであり、その真理を受け入れるためには、「正しき信仰」を持つ必要があります。

〈4〉日本神道的罪の思想

日本神道から出ている教えにも、罪に関する特徴的な思想があります。第一は、「罪とは『包み』である」というものです。これは、「本来悪なし」「本来肉体なし」「本来罪なし」という光一元の思想を強調した、日本神道系の宗教団体である「生長の家」の教えです。

罪とは、仏性を覆い隠している「包み」であり、人間の本質は、もともと光り輝いた性質であるという「**性善説**」を基調としたものです。

ただし、幸福の科学教学では、この思想に対して、「風呂敷包みをパラっととるように、すぐに仏性が輝き出すようなものではない」ととらえています。人間に仏性があるということは真実ですが、これを安易にとらえ、「だから人間は何をしても仏なのだ」という解釈にいってしまうと、修行の必要がなくなります。結果、仏性が輝くどころか魂の堕落を生んでしまいます。

仏性の輝きを曇らせている〝包み〟の正体は、その人の真理に反した思いと行いです。したがって、心の曇りを反省によって丹念に取り除くことによって、本来の仏性が顕れてくるのです。さらに、仏性の顕れ方にも、各人の悟りに応じたレベルの違いがあり、無限の修行の余地がある点は、一言指摘しておくべきでしょう。

罪に関する思想の第二に、「穢《けが》れ」を払うという考え方があります。よく神前に立つにあたって「禊払《みそぎばら》いをする」「お浄《きよ》めをする」などと言われます。そ

性善説
人間は本来的に善なる性質を持つという考え方。

の意味で、魂の純粋さを阻害する俗世の塵芥《ちりあくた》をつけていることは、神の目からみたら、人間の「罪」に相当すると言えるでしょう。

◇仏教とキリスト教の「地獄」観

この罪の思想の延長上にあるものが、各宗教の持つ「地獄観」であろうと思います。ここでは、地獄についての考え方を仏教とキリスト教で比較し、人間の罪と救いの関係について、さらに理解を深めてみましょう。

キリスト教の教えは、「キリストを信ずることによって、天国に入ることができる。それを通さずしては、天国に入れない」というように聞こ

えます。（中略）

キリスト教がヨーロッパに布教されたとき、先祖伝来のゲルマンの宗教を信じている地元の人たちが、「うちの先祖はどうなるのだ」と尋ねたところ、「キリスト教に帰依《きえ》していなかったのだから、救われない」という答えだったため、地元の人たちは大いに暴れたということです。（中略）

そこで、キリスト教では、「地獄からは抜け出せないことになっているが、地獄でも天国でもない煉獄《れんごく》という所があって、先祖は、そこで迷っているだけなのだ。そこには、天国に上がる道がある」という、煉獄の思想をつくったのです。

一方、仏教では、業が尽きたならば、きちんと地獄から天上界に上がれることになっています。あまりにも業が深すぎて、悪魔などになり、天上界に上がれず、地獄に長くいる人もいますが、普通は、悪人でも、業が尽きれば上がれることになっています。それぞれの罪の大きさにより、地獄にいる期間は異なりますが、上がれることにはなっているのです。

『悟りと救い』一六七－一六九頁

キリスト教、おもにカトリックの教義に示される地獄観は、「永遠に地獄の業火に焼かれる」というように、未来永劫抜け出せないものになっていました。しかし、キリスト教徒がゲルマン（現在のドイツ圏）に伝道した際、ゲルマンの土着の宗教と右のような衝突がありました。そこで、「キリスト教に帰依していない人は、天国でも地獄でもない『煉獄』という場所にいて、そこで修行をすれば天国に入れる」という解釈をつくったわけです（注4）。

一方、仏教の「地獄」観は、永遠に罰せられる場所ではなく、悪人でも、業が尽きたら天国へ上がれるという思想です。つまり、「すべての魂たちを、やがては救うのだ」という思想に裏打ちされています。

また、仏典には、釈迦の十大弟子の一人である**大目連**《だいもくれん》（マハーマウドガリヤーヤナ）が、餓鬼道《がきどう》で苦しんでいる自分の母親を霊視して、どうすれば救われるかを釈尊に訊ねる場面が出てきます。

この時、釈尊が示した方法が、修行している僧侶が集まって、その修行の功徳、光を手向けることによって救うことができるという、いわゆる先祖供養です。この光を手向《たむ》けることを「**廻向《えこう》**」と言います。

このように、仏教の教えには、廻向によって死後の人間を救済する論理もあるのです。

◇幸福の科学教学から観た「罪」の発生起源

本来人間は、仏の子であり善なる存在として創られています。では、どうし

大目連
釈迦の十大弟子の一人。「神通第一」とされた。

廻向
自分が修行によって得た力を亡くなった人に手向けること。

て善である人間が、悪を犯し、罪をつくることとなるのでしょうか。また、その結果、地獄に堕ちるようなことがあるのでしょうか。

ここで、罪の起源とは何かをあきらかにしつつ、幸福の科学教学的「罪の思想」について考えてみたいと思います。

〈1〉自由意志の相克

モーセ　本来そうあるべきである所に、違うものが置かれていることが罪であります。

『大川隆法霊言全集　第6巻』四三頁

これは、冒頭の引用でも紹介した、出エジプトをなした「モーセの霊言」の言葉です。

たとえば、神に祈りを捧げる神殿で商売をしていれば、それは場所を間違えているわけですから、罪にあたります。人間の肉体も、本来、尊い仏の子としての光を宿すべき〝神殿〟です。ここで聖なる心に反することをすれば、それが罪になるということです。

現代的に言えば、人《にん》・時《じ》・所《しょ》が違うところに悪が発生していると言えます(『繁栄の法則』三九－四八頁参照)。なぜ、こうした間違いが起こるのかというと、人間には自由意志が与えられているからです。『太陽の法』には、**悪とは、「自由と自由の相克」「人間の持つ自由意志の相克によるひずみ」**であると説かれています。

〈2〉罪は、身《しん》・口《く》・意《い》から起きてくる

あなたがたの罪は三つの事柄より起きてくるであろう。

一つは、あなたがたの、
その体を中心として、肉体を中心として、
その身を中心として起きる行動より生じてくるであろう。
さらには、あなたがたの口より出づる言葉によって、
罪を犯すであろう。

『愛、無限』一二八－一二九頁

仏典には、このような釈尊の言葉があります。

人が生まれたときには、実に口の中には斧《おの》が生じている。愚者は悪口を言って、その斧によって自分を斬り割くのである。

中村元訳「スッタニパータ」第三　一〇　六五七『ブッダのことば』

仏教は、四口（**不妄語《ふもうご》・不悪口《ふあっく》・不両舌《ふりょうぜつ》・不綺語《ふきご》**）をはじめとし、正語戒（言葉に関する教えや戒め）が、他の宗教と比べて非常に多いようです。それは、私たちが、毎日使っている言葉一つで、幸福にもなれば不幸にもなり、そこに天国・地獄が分かれていくからなのです。

さらに、心を正すことの大切さについても、先に引用した『愛、無限』から、見てみます。

そして、あなたがたの心、
これもまた大切なるものであると感じるがよい。
この世の法律においては、
心のなかに去来したことの罪は問われまい。
しかし、日々、あなたがたの心に去来し、
かたちづくられているものこそ、

不妄語・不悪口・不両舌・不綺語
嘘偽りを言わないこと、他人の悪口を言わないこと、二枚舌を使わないこと、過ぎたお世辞を言わないことを諭す、仏教思想。

あなたがたの本来の姿である。
そのことを忘れてはなるまい。（中略）

心の内をこそ大切にせよ。
体の犯した罪は小さい。
されど、心にて犯したる罪は大きい。
それは、誰にも知られることなく、
日々、自らを損なっていくからである。（中略）
ゆえに、その毒は体の隅々を満たし、
毒が回っていることに気がついたときには、
もはや取り返しのつかないところまで来ているのだ。

『愛、無限』一三一―一三四頁

仏教では、この体、口、心のことを、「身《しん》・口《く》・意《い》」の三業といい、心を正すための重要な修行項目としています。とくに、心にて犯した罪は、この世では人に知られることがないため、放置されるか、修正が遅れてしまいます。手遅れにならないためには、仏法真理を学び、「無明」から脱却し、真理の光を照らして生きていくことです。その結果、罪を犯すことが少なくなっていくし、あるいは、間違った生き方をしたとしても、反省によって心を修正し、人生の軌道修正をすることができるのです。

〈3〉トータルで人生は裁かれる

人間は一片の罪なく死することはできないのである。さまざまな罪を犯していくであろう。それを反省することは大事であるが、要は、全人生において、自分がいかに善なるものをつくり出していくか、いかに善

身・口・意　行い・言葉・思いのこと。

なるものを生み出していくかということだ。
罪を犯し、その罪にとらわれて一生を送るようでは、やはり、あなたは罪の人であるということだ。（中略）
決して決して、罪を犯すこと自体が悪いのではないのである。罪を犯したままの心で一生を終わることが悪いのである。これをさまざまな経験として見たならば、人間としての雅量を、人格を、大きな器とするための契機とすることはできるはずである。
要は、どのような経験を得ようとも、それを契機として、その人の人格がよりいっそう素晴らしいものとなったか、それとも、その経験によって、ほんとうに穢された人生となったかということだ。

『大川隆法霊言全集　第9巻』一九六―一九七頁

この言葉は「カントの霊言」によるものです。一度「罪」を犯したら地獄に堕ちるのではなく、「罪」を犯した心のままで生き続けることが、「悪」となるということです。

罪を犯したとしても、心を入れ替え、生き方を変え、トータルでプラスの人生を生きることができれば、地獄に堕ちることはありません。このように、悪なる生き方から心を変えて、新しい人生を歩む「新生」の力を与えているのが、宗教の「救い」です。

人間が完全ではなく、過ちを犯す存在であるならば、人間にとって宗教は絶対不可欠なものであることがわかります。もし、宗教がなければ、罪を犯した心のまま生きることになり、救いが得られないからです。

歴史上には、劇的な「**回心**《かいしん》」の例はたくさんあります。仏教では、百人とも千人とも言われるほど多くの人を殺めたとされるアングリマーラも、釈尊に帰依し、心清い修行の道を歩むことによって、聖者の位である**阿羅漢**《あらかん》の悟りを得たとされています。

回心
信仰によって自らの過ちを認め、心を入れ替えること。

阿羅漢
仏教の修行者がめざす悟りの段階。幸福の科学教学においては六次元光明界の上段階の悟りに相当する。

また、キリスト教最大の伝道者パウロの回心も有名です。イエス帰天後、キリスト教は十二使徒を中心に布教がはじまり、民族宗教であったユダヤ教を乗り越えて、世界宗教化していきます。その過程で重要な活躍をした人が、このパウロです。

これも基本知識ですが、パウロは十二使徒ではありません。厳格なユダヤ教徒で、はじめはイエスの弟子たちを迫害するほうにいた人なのです。

パウロ（サウロ）は、イエス没後、イエスの弟子たちを捕縛していましたが、その旅の途中、ダマスコ付近で突如《とつじょ》、「サウロよ、サウロ。なぜあなたは私を迫害するのか」というイエスの声を聞きます。さらに、強烈な光が天上から差し、目が見えなくなり、意識を失ってしまいました。

数日もの間、目も見えず食事もできない状態のパウロに、イエスの弟子のアナニヤが駆け付け、祈りつつ手をかざすと、目からウロコが落ちるように、たちまちにして目が見え、食事ができるようなるという奇跡が起きます。

Chapter 4

この体験を通してイエスが救世主であることを確信し、その場で洗礼を受け、キリスト教の大伝道師になっていったのです。これが「パウロの回心（ダマスコの回心）」です。他の弟子たちも、奇跡を起こせるようになっていましたが、つぎつぎに、迫害、処刑されていきました。そしてパウロ自身も、最後には殉教していきます。

ローマの獄につながれたパウロは、明日をもしれない命のなかで、イエスの教え、キリストへの信仰が広がっていくことに対して、信徒たちに、「さらば汝《なんじ》らの信仰の供え物と祭とに加えて、我が血を注ぐとも我は喜ばん。汝らすべてとともに喜ばん。かく汝らも喜べ。我とともに喜べ。」（『新約聖書』「ピリピ人への手紙」第二章一七—一八）と、その心境を述べています。喜ばん、喜ばん、喜べ、喜べ、と四回もくり返していますが、伝道の苦難に怯まないどころか、伝道者パウロの心のなかは、喜びに満たされていたのです（矢内原忠雄著『矢内原忠雄全集　第十五巻』一六七—一六八頁）。パウロは斬首の刑に処せられますが、その時の気持ちは、ほんとうにイエスとともにある喜びに満ちたものだったと思います。

〈4〉仏の念い、理想に背くこと＝四正道に反する生き方

幸福の科学では仏の教えに背くことが罪であると考えます。

これより、あなたがたのうち、罪ある者は悔い改めるがよい。
罪とは、仏の教えし言葉に背きたることである。
今、あなたがたに教えられている、
新しき誓いとは何であるか。
まず、人を愛せ。
次に、仏法真理を知れ。

さらに、自らの過ちを反省せよ。
しかして、仏の栄光を、発展という姿をとって、この地に現せ。
これが新たなる教えである。

もう一度、告げる。
愛せよ。
知れ。
反省をせよ。
そして、繁栄をせよ。
これが新たなる教えである。

『愛、無限』一二〇－一二三頁

新たなる教えとは、幸福の科学の基本教義である、「愛・知・反省・発展」

という四正道です。

『聖書』には、旧約と新約があります。この〝約〟とは、神との契約のことです。契約とは、神から与えられた戒律や教えであり、これを守っている人が義人とされ天国に赴き、これに反する生き方をしたものが罪人とされ地獄に行くことになります。これも、宗教的にはオーソドックスな教えです。

幸福の科学教学では、新しく現代的に表された契約が、四正道であり、仏の心であるとしています。ですから、この仏の心に反することが、罪となるわけです。

◇幸福の科学教学の「地獄」観

罪の心のままで生きたなら、その結果、人間は死後、地獄に赴くことになります。しかし、幸福の科学教学では、仏教と同じく、人間が永遠の罪に罰される場所だとは考えておりません。幸福の科学の地獄観とは、次の考え方に集約されるでしょう。

現在、大勢の人が地獄に行っていますが、一言で言えば、地獄に行っている人は、みな心が病気なのです。それだけのことです。

『「幸福への道標」講義』一〇頁

つまり、「心が病まずに一生を送れたら天国へ行き、心が病気であれば地獄に行く」ということです。その意味では、地獄は人間を苦しめるためにあるのではなく、心の病を直し、魂の健康を回復するための「病院」であるとする「地獄病院論」ともいえる考え方をしています。

では、人間の魂の親である仏は、「地獄」をどう見ておられるのでしょうか。

経典『無限の愛とは何か』のなかで、大川隆法総裁は、このように説かれています。

その数十億の苦しみや悲しみを
すべて背負っているのである。
それは本来の仏の使命ではない。
本来の計画ではない。
人間たちが間違って犯した罪によりてできた世界であるが、
それでもなお抱きとめているのだ。
背負っているのだ。

『無限の愛とは何か』一一〇－一一一頁

経典『太陽の法』によれば、数十億の霊人が地獄に堕ち、苦しんでいるといいます。仏は、その数十億の苦しみ、悲しみすべてを背負い、抱きとめておられるという真実を知ること自体、私たち人間にとって最大の救いではないでしょうか。

仏は決して見捨てておられないのです。

◇「救い」とは何か

このように宗教では、「罪」についての教えがあり、同時に罪から逃れるための救済（贖罪《しょくざい》）の思想がありますが、その本質にあるものは、「人間は、罪を犯したとしても、許されることはできる。真理を知ることによって、救いの道に入ることができる。また、法の縁を与えることによって、人びとを救うことは可能である。すなわち、何度もやり直しのチャンスがある」という仏の最大の愛であり、無限の愛なのです。

ここに、宗教の違いを乗り越える一本の黄金の糸が潜んでいます。その救い、仏の許しとは、第一に「反省」です。

間違った思いを持ったならば、即座に修正し、よい思いに変えていくことです。間違った行いをしたならば、その行いは二度としないと共に、迷惑をかけた人たちに詫び、仏にも心より詫びることです。そして、それよりのち、素晴らしい人生を築いていくことなのです。

仏は、各人に最大限の自由を与えた反面、反省ということを通して、その自由の行使の結果の間違いをも直すことができるようにしたのです。

そして、各人が幸福を享受できるようにしているのです。

これが、仏が人間たちに与えているところの、無限界の、無限の愛でもあるのです。各人は自由を与えられ、自由の結果、間違いを犯したならば、反省することさえ許されている。反省することによって、幸福になる義務というものを実践することができる。これが無限の愛でなくて、いったい何でしょうか。

みなさんは、一人ひとりが、その素晴らしさに、そのありがたさに気がつかねばなりません。

『無限の愛とは何か』四二―四三頁

第二は、宗教のミッションそのものである、「伝道」による魂の救済です。

地獄という所を、
仏は突き放して見ているのではない。
それをよしとしているのでもない。

冷ややかに見ているのでも、
刑務所として人を押し込めているわけでもない。
そのなかで苦しんでいる人を、その苦しみを、
自分で受け止めて、
共に苦しんでいるのが仏であるならば、
それがあなたがたの魂の親の姿であるならば、
その親の悲しみを、苦しみを、
減じ、助けることこそ、
子供である人間の仕事ではないだろうか。
さすれば、伝道こそ、
親たる仏を助けるための最大の仕事であるはずだ。（中略）
あなたがたは単に人々を裁くために来たのではない。

私もまた、人を裁くために来たのではない。
私は人を許すために来た。
あなたがたもまた、
人々を許すためにこの世に来《きた》った存在であるはずだ。
人間は罪深き存在ではあるが、
仏法真理に気づき、目覚め、生き切ることによって、
許される存在でもある。
単に裁いてそれでよしとはしない。
我らは許しを与えんがために来たのである。
救いのために来たのである。
私は多くの人類の罪を許す権限を持って、
この地上に下りた。
そして、今、その仕事を開始しているのである。（中略）

今世、生きる人も、
地上を去って地獄に苦しむ人も、
来世に生まれてくる人も、
すべての人類の救済こそ、我らが悲願である。
そのために幸福の科学はつくられた。
これを人間がつくったと思うな。
仏がつくったのだ。
仏が、人類の罪を許すために、
その大願のためにつくったのだ。
最終の目標は、すべての人を救うことである。
すべての人を仏の子として目覚めさせることである。
すべての人を幸福にすることである。

『無限の愛とは何か』一五〇－一五四頁

人間が仏の子であるならば、仏の重荷を減じること、宗教のミッションである伝道こそ私たちの使命です。伝道とは、人を裁くことではなく、仏の慈悲、罪の許しを与えることです。

その救済すべき、許すべき全人類とは、現世に生きる人びとだけではありません。「過去・現在・未来」のすべての人です。これが、仏が人間に願っていることです。

結局、**人間は罪の子として永遠に裁かれている存在ではなく、たとえ間違いを犯したとしても、仏に許しのチャンスが無限に与えられているの**です。

幸福の科学教学でとらえる人間観は、「人間仏の子の思想」です。先に紹介した、コンゴ共和国の方は、続けてこう述べています。

「(幸福の科学の教えの)人間には仏性がある、という思想にとても感動しました。自分の内には、光があり、その光は神様からの光です。これが(人間に)宿っている。」

したがって、救いの本質にあるものは、「人間は完全ではないから罪を犯すが、その罪の奥にある仏の悲しみ、抱きとめてくださっている慈悲に気付き、自らも慈悲の心で生きていくこと、救済者の道を歩むこと、仏の子である自分に目覚め、仏の子としての使命を果たすこと」なのです。

こうした、すべての宗教の奥にある「罪と救い」の真理を知り、仏の悲願を理解し実践した時、宗教同士の対立も、不和も起こるはずがないのです。

（注1）もちろん、ユダヤ教にも、「創世記」に由来する「原罪」の考え方はあるが、キリスト教が主張するような意味では使われていない。また、イスラム教には、こうした「原罪」の思想はない。

（注2）「罪の子の思想」について、『大川隆法霊言全集　第5巻』には、イエス・キリストの霊言として、次のように説かれている。

罪の思想がなぜあるかといえば、当時の社会が非常に乱れていたということです。

魔が跳梁《ちょうりょう》し、悪魔の頭《かしら》たちが徘徊《はいかい》していたため、人びとは、殺戮はするわ、強盗はするわ、あるいは婦女子を暴行はするわ、風紀は乱れ、さまざまな悪がはびこっていたわけです。こういうことを正すための、禅でいうならば一転語ですね、〝活〟として、「人間罪の子」という思想があるわけです。

これは真実ではありません。真実、人間が罪の子なのではありませんが、そうしたことを教えることによって、彼らを反省に導く必要があったのです。（中略）

ですから、罪の思想、罪の子という思想は、世界の半面をとらえたものです。人間は罪の子であると同時に愛の子であり、神の子であるのです。罪の子の面はどうしても隠しがたい影の面であり、これは現にあります。けれども、愛の子でもあるのです。（中略）

「罪の子」の思想は片面だけをとらえたものであります。けれども、仏教のなかにも同じような思想が流れているはずであります。

（前掲書、一〇二－一〇八頁）

（注3）聖書学者のルドルフ・ブルトマンは、神のゆるし（恩寵《おんちょう》）の先行性を指摘している。「よく言い聞かせておくが、人の子らには、その犯すすべての罪も神をけがす言葉も、ゆるされる」（『新約聖書』「マルコによる福音書」第三章二八）とあるように、人間は有限な罪人であるが、神の無条件の愛によって受容され、ゆるされているということが、イエスの福音の帰結である、とも言われる（青野太潮著『どう読むか、聖書』八、四四－四七頁）。その意味で、キリスト教には、他力信仰型の、神のゆるし（恩寵）への感謝があると言えるだろう。

（注4）キリスト教の死生観には、「煉獄の思想」以外に、二世紀のアレクサンドリアの神

学者・オリゲネスが唱えた、「地獄は一時的に留まる場所である、いつの日か地獄の民はすべて救済され地獄という世界は解消される」という万人救済説「アポカタスタシス」も存在する。

第5章

宗教による世界平和は、ほんとうに実現できるのか

――いま求められる、新しい「宗教的寛容論」

私は、今、これらの世界宗教を超えた、
地球レベルの教えを説き、
世界の人々が自由と平和と寛容の下《もと》、
愛の実践のなかに生きることができるような時代を
切り開こうとしています。
私は、すべての宗教戦争を終わらせる覚悟で、
この運動を広げています。
根本から直さないかぎり、
戦争も、やむことはありません。
戦争のもとにあるものは、
憎しみであり、怒りであり、不信感です。
「相手が理解できない」ということです。

『国家の気概』193ページ

◇三十年戦争と「寛容論」

「寛容」ということは、宗教対立の克服にとって、非常に重要なテーマです。過去論じられた「寛容論」としては、英国の経験論哲学者・**ジョン・ロック**の『寛容論』『寛容に関する書簡』や、ロックの寛容論の影響を受けたフランスの啓蒙思想家・**ヴォルテール**の『寛容論』などが挙げられます。

こうした思想が出てきた背景には、キリスト教のカトリック（旧教）とプロテスタント（新教）の対立があります。数多くの悲劇が起き、被害が出たので、この解決策として「宗教的寛容論」が登場してきたわけです。

旧教と新教の対立で有名なものは、「三十年戦争」という宗教戦争です。ドイツの宗教対立による内乱が発端で、その後ヨーロッパの周辺国を巻き込んだ

ジョン・ロック
一六三二-一七〇四。イギリスの哲学者・政治思想家。

大規模戦争になっていきました。この戦争は、人類史初の「世界戦争」とも言われています。

新教側は、おもにデンマークやスウェーデン、旧教側は神聖ローマ帝国やオーストリアのハプスブルク家です。この戦争のクライマックスは、新教側の国王**グスタフ・アドルフ**率いるスウェーデン軍が、旧教側の皇帝軍を打ち破り、初めてプロテスタント側が勝利した「ブライテンフェルト会戦」（一六三一年九月）でしょう。

この時のスウェーデンは最盛期で、ヨーロッパの強国でした。この国王は戦争がものすごく強く、破竹《はちく》の勢いで旧教側のローマ皇帝軍を打ち破り快進撃を続けます。なぜ強かったかというと、徴兵制を敷いていたからです。当時の戦争は、お金で兵隊を雇って戦う傭兵戦が主流でした。徴兵制を取り入れることで軍隊を強化した有名な例は、あのナポレオンですが、実は、グスタフは、ナポレオンより前にこれを行っていたのです。

ヴォルテール
一六九四-一七七八。

グスタフ2世
一五九四-一六三二。スウェーデン王国最盛期の国王。

スウェーデン軍の強さの秘訣はもう一つあります。それは求心力です。すなわち、信仰心による結束にありました。この国王はプロテスタントへの強い信仰を持っており、国民や臣下から全幅の信頼、徳望、人望があったからです。

たとえば、戦争状態だと通常、略奪行為は当たり前のようにされていましたが、スウェーデン軍には一切の略奪行為がなく、規律正しいことで有名でした。この人道的行為は当時、驚嘆の的《まと》であったと言われています。このような強い結束があり、無敵の状態だったのです。

グスタフは徴兵制を発明しただけでなく、長官が部下の兵士を殴ったりすることも禁止していましたし、上院と下院を設置した「軍法会議」を制定して公平な判決を実施しました。また、「軍人医療制度」「制服」の発明をしたり、「補給部隊の生みの親」「歩兵機動力の開祖」と呼ばれるなど、次々といままでにない組織戦を展開したことから、「西欧近代戦の父」とも言われているようです。（B.H.リデルハート著、『新版　世界史の名将たち』参照）

残念ながら、彼は「皇帝軍との戦い」（リュッツェン会戦）で若くして戦死してしまいます。通常、こういうリーダーシップの強いトップが戦死すれば総崩れになるものですが、その後もスウェーデン軍は敗れず、最終的には、和平条約（ウェストフェリア条約）が結ばれ決着します。

この父王のあとを継いだのが、娘の**クリスティーナ女王**です。「和平条約が進展したのは、この人の大胆な譲歩などの政治的決断による」といわれています。また、哲学者のデカルトを自分の先生に招いたことでもよく知られています。勤勉な人で、朝五時に起きて哲学の勉強をしてから政務をこなしていたといいます。

三十年戦争の結果、おもな戦場となったドイツでは、当時の人口が激減してしまいます（一八〇〇万人いたと言われる人口が、七〇〇万人まで減少したとも言われている）。そして「宗教の争いはもうこりごりだ」ということになりました。こうした背景があって、宗教間における「寛容論」の重要性

クリスティーナ

一六二六-一六八九。グスタフ2世の娘でスウェーデン女王。

が生まれてきたのです。

◇調整機能の一つとしての「寛容論」

これらの「寛容論」はおもに、キリスト教内部の「カトリック」と「プロテスタント」、国内の「国教」と「信教の自由」の対立の融和を目指した「寛容論」です。その意味で、現代には、グローバル化し多様な価値観、信仰観の異なった宗教の対立の融和を目指す、新たな「寛容論」を提示することが求められているのだと思います。

なぜ、宗教対立の解決に「寛容論」が必要と考えられるのでしょうか。大川隆法総裁は、キリスト教とイスラム教という「一神教」同士が対立する理由として、唯一神教の特徴にある「排他性」とともに、宗教の矛盾しているように見える部分について、「これを統一する調整機能がないために分からないでいる」（『宗教としての包容力』三二頁）という点も指摘しています。すなわち筆者は、この「統一する調整機能」の一つが、「寛容論」にあるのではないかと考えるのです。

そこで、キリスト教、イスラム教、仏教、日本神道が持つ「寛容性」を比較し、対立傾向にある諸宗教の融和への道を探ってみましょう。

◇イエスの教えに見る寛容さの極致

キリスト教は、古代から中世にかけて、異教徒との衝突とキリスト教内の教派間での争いを続けていました。異教徒との衝突では、エルサレム奪還を目指してイスラム教と衝突した十字軍遠征の他に、マニ教を滅ぼしています（開祖のマニは、ゾロアスター教徒の王のもとで処刑されている）。教派間での争いでは、グノーシス派の弾圧、魔女狩りなどの異端審問による残虐な粛清が行われ、宗教改革以降、カトリックとプロテスタントの衝突も煩瑣《はんさ》に起きています。冒頭に紹介した「三十年戦争」は、十七世紀、まさにこの二つの宗派間に起こった戦いです。

しかし、キリスト教の開祖であるイエス・キリストが、これとは正反対の教えを中心として説いたことは、これまで見てきた通りです。イエスの言行録とも言える「福音書」に共通していることは、愛の教えと行動です。

心をつくし、精神をつくし、思いをつくして、主《しゅ》なるあなたの神を愛せよ。

『新約聖書』「マタイによる福音書」第二二章三七

下着を取ろうとする者には、上着をも与えなさい。

同、第五章四〇

もし、だれかがあなたの右の頬を打つなら、ほかの頬をも向けてやりなさい。

同、第五章三九

敵を愛し、迫害する者のために祈れ。

同、第五章四四

七度の七十度許しなさい。

同、第一八章二二

このように、「神への愛」「隣人への愛」「他者への許し」が説かれており、相手を殲滅するような思想ではありません。徹底して愛を与え、天の父と他者に尽くし、憎んでいる人を許すという、寛容さの極致があると言えます。

また、イエスは当時差別されていた取税人、娼婦、病人たち、サマリア人(注)にも教えを説き、分け隔てない救いを示したことが『聖書』には記されています。

ですから、イエスの言動が示された『新約聖書』の四福音書を純粋に読む限り、どう考えても後世のキリスト教の歴史に見られるような殺戮の思想は出てこないのです。

◇アッシジの聖フランチェスコが目指した、「宗教間対話」による平和への道

中世キリスト者の代表的聖人に、**アッシジの聖フランチェスコ**という修道士がいます。この方は、非常に不思議な人で、小鳥や動物たちとも会話ができたと伝えられており、動植物たちに説教している絵画もあります。さらに、〝しばしば〟体が宙に浮き上がっていって、秘書がその足を懸命にふれるのがやっとだった、という「空中浮揚《ふよう》」の話も残っています。（アルフレッド・R・ウォーレス著『心霊と進化と』二〇頁参照）

フランチェスコは、十字軍によるイスラム教との激突の最中、自らイスラム陣営に乗り込んでスルタン（君主）と対話し、キリスト教とイスラム教の平和共存を実現しようとしています。

アッシジの聖フランチェスコ
一一八一-一二二六。イタリアのカトリック修道士。フランチェスコ修道会創設者。

一二一九年九月、弟子の一人をつれてエジプトへ向かい、スルタンとの対話を試みました。通常であれば、殺されてもおかしくない状況でしょう。実際、イスラム軍のスルタンは、彼らに対し荒々しい扱いをしたようですが、次第にフランチェスコの誠実さに心打たれ、彼の説くキリスト教の教えに、部下とともに数日間耳を傾けたといいます。

その後、スルタンは、尊敬を持って彼を安全にキリスト教徒の陣営に連れていくよう部下に命じ、丁重に送り届けられたと伝えられています。

彼のキリスト者としての姿をよく現していると思われるものに、「聖フランチェスコの平和の祈り」という有名な「祈祷文《きとうぶん》」があります。

主よ　わたしをあなたの平和の道具としてお使い下さい
憎しみのあるところに愛を
いさかいのあるところにゆるしを

分裂のあるところに一致を
疑惑のあるところに信仰を
誤っているところに真理を
絶望のあるところに希望を
闇に光を
悲しみのあるところによろこびをもたらすものとしてください

慰められるよりは慰めることを
理解されるよりは理解することを
愛されるよりは愛することを
わたしが求めますように
わたしたちは与えるから受け
ゆるすからゆるされ

自分を捨てて死に
永遠の命をいただくのですから

この祈りは、実際はフランチェスコが原作者ではないと言われていますが、イエスの精神の原点に立って異教徒との融和を目指したフランチェスコの信仰、そして「愛の宗教」としてのキリスト教の寛容的側面が現れていると言えるのではないでしょうか。

◇キリスト教神学に内在する宗教共存の限界とは何か

一九八六年、アッシジで世界宗教会議が開催された時、ローマ教皇・**ヨハネ・パウロ二世**は、この祈祷文を引用し、会議参加者にも唱和するよう求めたそうです。一九九二年には、この宗教間対話の重要性について、次のように述べています。

対話は神の国に通じる道であり、たとえその時や時期を知っておられるのが、御父だけであったとしても（使徒言行録1・7参照）、必ず実を結ぶことでしょう。

教皇ヨハネ・パウロ二世回勅『救い主の使命』一〇二頁

ヨハネ・パウロ2世
一九二〇-二〇〇五。ポーランド出身の第二六四代ローマ教皇。

また、プロテスタント国であるアメリカも、宗教の多元性を現実に抱えており、国家の分裂を防ぎ社会秩序を保っていくために、宗教対話は必須の課題となっています。そこで、キリスト教神学者を中心に、数多くのシンポジウムが企画され、宗教の違いと向き合い、相互理解を推し進めようとしています。

宗教家たちが、宗教の違いを超えた対話によって理解し合おうとされている姿勢には心から敬意を表しております。しかし、一神教的信仰において、他宗教との調和は、どこまで可能なのでしょうか。

たとえば、同志社大学でアメリカの教会史を専門にしている歴史学者・バーバラ・ブラウン・ジクムンド教授は、アジアの多神教の思想では宗教共存が可能だが、一神教世界では、異教を禁じたり、「偶像崇拝」を禁じたりするため、神学的に異教を受け入れることは困難な問題でもあることを指摘しています。

さらに、この現状に対して、アメリカにおいて一神教の諸宗教が克服すべき最大の問題は、新しい「宣教の神学」(theology of mission) あるいは「証しの神学」（theology of witness）を創り出すことだと述べています（バーバラ・ブラウン・ジクムンド「アメリカの一神教に関する諸問題」参照）。このように、現存のキリスト教神学では「宗教間対話」の限界を内包していることも事実なのです。

◇イスラム教に見る「宗教的寛容性」

イスラム教に対する一般的なイメージは、アルカイダやイスラム国による昨今のテロ報道や、最年少でノーベル平和賞を受賞したマララさんらが訴える前近代的な女性差別などから、自由を抑圧する非寛容な教えという印象が強いかもしれません。

しかし、第3章でも触れましたが、『コーラン』を読むと、ユダヤ教やキリスト教は同じ神から啓示をうけた「啓典《けいてん》の民」であると認めており、本来平和的、寛容的面も持っています。

また、ムハンマドは、イスラム教発生時に「マディーナ（メジナ）憲章」というものを定め、アラブの他部族やユダヤ教徒との調和に努力しています。これには、

(16)ユダヤ教徒でわれわれに従う者には援助と対等の扱いが与えられ、抑圧されることも、その敵に援助が与えられることもない。

(25)アウフ支族のユダヤ教徒は、信徒たちと共同体をなすが、ユダヤ教徒には彼らの宗教があり、ムスリムたちには彼らの宗教がある。

(42)本憲章の民の間で、悪影響の（広がる）恐れがある対立や紛争が生じた場合には、その裁決は神と神の使徒ムハンマドに委ねられなければなら

ない。

とあります。（小杉泰著『イスラームとは何か』三九‐四〇頁）

ムハンマドが活動した、アラビア半島を中心とする当時のアラブ社会は、政治的統合のない部族社会の集合体で、常に部族間での争いが尽きませんでした。その宗教的背景には、アニミズムや多神教中心の信仰形態がありました。

この状態はのちに、真の神がいない「無道時代（ジャーヒリーヤ）」と呼ばれます。いわば、天下統一前の日本の戦国時代のように、全体を律する政治的秩序やルールがなく、いったん抗争が始まるとなかなか終結させることができない状態だったのです。

そこで、ムハンマドを中心としたムスリムの他、これまでのアラブの伝統的な神々を奉じる部族とユダヤ教を信奉する部族など、部族間との関係についてのルールをイスラム共同体（ウンマ）に定めることで、宗教共存による安全保障の原理を打ち立てたのです。

これに関連したイスラム教の特徴として、宗教と政治・軍事が完全に一体化している国家体制が挙げられるでしょう。

大川隆法総裁は、その特徴を次のように指摘しています。

それから、イスラム教を考える際のポイントの一つとして、やはり、「これは、ただの宗教ではない」という面があると思うのです。

それは、「イスラム教には王朝あるいは幕府のようなところがある」ということです。「軍事政権」と「宗教」の両立がなされているので、王朝ないしは幕府を開いて続けているような感じがイスラム教にはあります。

カリフとかスルタンとか、そういうものが出てきていますが、これは王朝や幕府の長《ちょう》に当たるもので、日本の天皇か江戸幕府の将軍のような感じであるわけです。

ムハンマド出現以降、イスラム教は百年前後でアラビア半島周辺にその版図を広げ、その後も拡大を続けていきました。その際の統治政策では、イスラム教徒に改宗した場合は税の優遇措置をはかり、そうでない場合、定められた税を払えば以前の信仰を持ったまま共存することが許されていました。これを「ズィンミー（被保護民）制度」と言います。

イスラム帝国であるオスマン・トルコの宗教統治政策では、各宗教の自治に委ねる「ミレット制」という政策がとられていました。これも、ムスリムと非ムスリムの共存のシステムです。ミレットとは、アラビア語で「ミッラ」という宗教を意味する言葉からきており、のちに「宗教共同体」を意味するようになったようです（しかし、オスマン帝国時代に、「ミレット制」という表現はなく、後世用いられるようになったともいわれる）。

『ムハンマドの幸福論』二一九－二二〇頁

信じる宗教によって住む場所が異なっており、居住には、キリスト教徒、ゾロアスター教徒、ユダヤ教徒、ヒンドゥー教徒、仏教徒など多様な宗教を許容していました。つまり、イスラム教から見れば偶像崇拝者と言える異教徒をも受け入れていたのです。

かつてオスマン帝国が統治した地は、現在でこそ宗教紛争が絶えませんが、当時はこうした政策の結果、宗教による争いはほとんどなく平和が実現されていたと言います。

また、『ペルシア紀行』を著述した**ジャン・シャルダン**によると、十七世紀、サファヴィー王朝のアッバース一世治世時の都「イスファハーン」は、「ペルシアの平和」を実現し、「世界の半分」とうたわれるほどの繁栄を誇っていたそうです。その中心となる「王の広場」の回廊では定期的にバザールが開かれ、文房具屋、馬具商、靴屋、ボタン職人、香料商、ジャム売り、薬種商、古着商、惣菜《そうざい》屋、宝石細工師などが出店し賑わいを見せていたと言います。その繁栄の

ジャン・シャルダン
一六四三-一七一三。サファヴィー朝ペルシアへ旅をした、フランス生まれの商人。

実現は、ここで見て来たイスラム教の宗教的寛容による政治の安定にあったと言えるのです。（鈴木董著『オスマン帝国』八五−九三頁／永田雄三他著『〈世界の歴史 15〉成熟のイスラーム社会』二五七−二六六頁）

◇仏教に見る「宗教的寛容性」

同じ世界宗教であっても、仏教の教えは、キリスト教、イスラム教と比較しても「寛容さ」を顕著に内包している点が特徴です。たとえば、仏教は、民族の差別や国境を超えた教えを有しています。次のような仏教徒の言葉が残っています。

人が戒律に安住して正しく注意努力するならば、サカ国でもギリシアでも、チーナ（Cīna 中国）でもヴィラータ（Vilāta 韃靼《だったん》）でも、アレクサンドリア（Alasanda）でもニクンバ（Nikumba）でも、カーシー（ベナレス）、コーサラ、カシュミール、ガンダーラでも、山頂においても梵天界においても、いかなるところにいても、正しく実践するものは、ねはんを証する。

中村元著『古代インド』二二八頁

あるギリシャ人は、これら仏教の持つ平等意識や婦人の独立をみとめた教団（釈迦教団には、女性修行者である比丘尼たちも多数いた）は、西洋の古代文化にもないことを驚嘆して、ギリシャに伝えたと言います（前掲書、一四九−一五〇頁参照）。

こうした仏教の寛容性は、釈迦教団で制定された戒律の内容を見るとわかります。歴史的にイスラム教やキリスト教では罪を犯した者は処刑されます。それも頻瑣に行われています。一方、仏教の戒律におけるいちばんの重罪は「波《は》羅《ら》夷《い》法」で、これは教団からの永久追放です。この波羅夷法には次の四つがあります。

◇婬：在家信者は、自分の妻（夫）以外と性的関係を持った場合、出家は、性的行為を行った場合（出家は不犯＝全面禁止がルール）
◇盗：国法に触れるような盗みを行った場合
◇断人命《だんじんめい》：殺人の罪を犯した場合（但し、過失によって死なせてしまった場合は例外として除かれている）。殺人には、堕胎も含まれる。
◇大妄語：悟りを偽った場合。〝ミニ教祖〟のようになって教団を攪乱した場合。

『沈黙の仏陀』九四–一〇三頁参照

このように、仏教にはイスラム教の戒律のような極端な刑罰は存在せず、またキリスト教でくり返し行われたような残忍な異端排除は見られません。

それどころか、釈迦の教えと正反対と思われるような教えを説く宗派さえも、仏教の一派として許容されてきた歴史的事実があります。たとえば、浄土真宗です。釈尊の説いた教えの中心には、自助努力がありました。しかし、浄土真宗系は、周知の通り他力信仰が中心であり、どちらかというと、キリスト教に近い教えの内容を有しています。

また、真言密教もあります。**空海**《くうかい》の開いた真言密教には神秘的な教えもあるため、キリスト教の歴史から見れば魔女狩りの対象になるような宗派ですが、異端視されることなく、仏教の一派として存在できています。（『宗教選択の時代』二〇九－二一〇頁参照）

キリスト教やイスラム教と仏教を比較すると、その理由がよくわかります。それは、開祖の教えが、前者二つの宗教と比較にならないほど豊富で、もとも

空海
七七四-八三五。諡《し》号《ごう》は弘法大師。真言宗の宗祖。唐で恵果和尚から密教の法灯を受け継ぐ。

と多様性を含んでいるからです。

キリスト教のイエスの教えは、『新約聖書』の四福音書がおもなものであり、イスラム教の聖典は『コーラン』のみです。仏教は、仏典自体は後世編纂されたとはいえ、「八万四千の法門」と言われるほど、多種多様な教えが存在しています。釈尊生前の教えと行動にそれらの原型があったのでしょう。

◇日本神道に見る「宗教的寛容性」

日本神道は、日本建国以来の日本の宗教です。その特徴は多神教であり、他の宗教にも寛容である点が挙げられます。

たとえば、それを象徴するものとして**聖徳太子**の定めた十七条憲法が挙げら

聖徳太子

五七四-六二二。飛鳥時代の哲人政治家であり、推古天皇の摂政を務めた。

れます。日本の宗教観や政治思想に千数百年もの間、大きな影響を与え、まるで地下水のように日本精神の下に脈々と流れ続けているものです。

この十七条の内容には、和を以《も》って貴《たっと》しとする日本神道古来の思想（第一条）、三宝を敬えとする仏教の思想（第二条）をはじめ、儒教の思想、法家思想の影響など、さまざまな思想が吸収、融合されています。その意味で、日本精神の土壌そのものに、他の思想や宗教への寛容性があるのです。（『黄金の法』二一一－二一二頁参照）

このようなさまざまな思想を受容できたということは、ある意味で、その教えと調和・同通できる普遍性を持っていたと解釈することも可能です。

神社本庁の見解では、「日本神道には教えがない」と説明されますが、大川隆法総裁は『宗教社会学概論』のなかで異なる見解を示されています。

日本神道の教えには、仏教の反省にも通じる「禊払《みそぎばら》い」、礼節・秩序・調和を重んじる「和の心」、大義のもとに「正義」を貫く「武士道精神」の三つの

神武天皇
日本の初代天皇。天照大神の子孫であり、東征を行い、前六六〇年、橿原宮にて即位したとされる。

特徴があり、これらの教えには「世界宗教性」があると言及されています。

本章に関連する「寛容性」はこのなかの「和の心」に含まれると思います。

前述したように、日本神道の特徴は多神教であり、歴史的に多様な宗教との共存共栄を実現しています。**神武《じんむ》天皇**即位の際に詠まれた歌には、世界中が家族のように一つにまとまろうと考える「八紘一宇《はっこういちう》」の精神がありました。ここには、日本神道の主宰神である「**天照大神《あまてらすおおみかみ》**」の調和の精神が流れていると言われます。

明治帝が、一九〇四年の日露開戦時に詠まれたとされる歌にも、この御心が示されています。

よもの海みなはらからと思ふ世になど波風のたちさわぐらむ

（四方の海にある国々は皆兄弟姉妹と思う世に　なぜ波風が騒ぎ立てるのであろう）

天照大神
前八世紀頃。日本神道の主宰神。皇室の祖神として伊勢神宮に祀られている。

明治天皇

一八五二-一九一二。孝明天皇の第二皇子で日本の第一二二代天皇。

多様な思想や宗教を、長らく受け入れてきた都市といえば、日本の古都・京都でしょう。古代から中世にかけて日本の首都機能を果たしていた京都の繁栄は、**桓武天皇**《かんむ》が都を奈良の平城京から京都の平安京へ遷都《せんと》したことからはじまります。

平安京は一種の「宗教都市」となっており、日本神道、仏教、道教、儒教などの宗教的融和のなかで、新しい宗教国家を目指したのです。この都は七九四年の遷都以来、明治維新で東京に首都機能が移るまで、一千百年ほど続いていますます。つまり、ユダヤ・キリスト教に言う「千年王国」が成立していたのです。

(『救世の法』一四一―一四五頁参照)。

宗教社会学者・**R.N.ベラー**は、著書『徳川時代の宗教』のなかで、天皇を中心とした政治の実現を目指した**平田篤胤**《あつたね》らの国学は「『至福千年の』宗教運動とみなすことができる」とし、「この地上で実現することのできる明確な宗教的目標」であったと指摘しています(前掲書、二〇五頁)。平田篤胤が活

桓武天皇

七三七-八〇六。第五〇代天皇。七九四年、平安京に遷都を行い、京都に「千年の都」を開いた。

ロバート・ニーリー・ベラー

一九二七-二〇一三。アメリカの宗教学者。

躍したのは江戸後期で、その「国学」が、明治以降の「国家神道」に大きな影響を与えていると言われています。

ただし、明治維新から大東亜戦争の敗戦までの「国家神道」は、先に述べたような聖徳太子以降の宗教的寛容の精神から離れ、さらにそれ以前の神道に復古している傾向が強いので、ここに言う「千年王国」のモデルと合致するものではないでしょう。

ベラーの指摘する「宗教的目標」としての「至福千年」は、それ以前に既に実現していたのです。このように、一貫した「調和の精神」による、京都を中心とした宗教のもとの平和、そして他宗教への寛容性と融和の実現は世界でも例のないものです。日本神道的「千年王国」モデルを研究することは、世界的意義があるのではないでしょうか。

平田篤胤
一七七六-一八四三。江戸時代の国学者、神道家、復古神道の大成者。

◇日本神道の「和の心」にある、巨大な受容力

私は、この「和の心」は、「調和」にだけではなく、「何でも自家薬籠中《じかやくろうちゅう》のものとしてしまう強力な受容力」にも現れていると思います。よく、「日本人はマネすることは非常に得意だが、オリジナリティや創造性がない」と自虐的に評価されますが、そうともいえない面があります。

種子島に鉄砲が伝来したら、それを分解して独自の製造力を磨き、わずか数十年後には、鉄砲三千丁を使用した世界初の大規模戦争が行われました（長篠《ながしの》の合戦）。さらに戦国末期には五十万丁という、世界最大の銃保有数に至ったとも言います。また、幕末に黒船が来襲した時にも、やはり数年後には宇和島藩で国産の黒船（蒸気船）をつくっています。

思想面においてもそうで、たとえば、仏教伝来後、奈良時代に日本で生まれ

荻生徂徠

一六六六-一七二八。江戸時代中期の儒学者、思想家。

た奈良仏教の教学のレベルは、仏教史上の頂点を極めていたと言われています（『インド、そして日本』一二頁参照）。儒教においても、本場中国よりも文献が多く、研究が進んでいますので、仏教と同様、日本で頂点を極めたと言えるのではないでしょうか。

たとえば、儒学者・**荻生徂徠**《おぎゅうそらい》は、朱子学中心だった日本の儒教を批判的に研究し、それ以前の本来の儒教をあきらかにしようとしました。これが『論語徴』です。この徂徠の学問研究は、逆に中国の学者に影響を与えています。清朝の学者が、徂徠の文献から引用して研究しているのです（吉川幸次郎著『論語について』一七一頁）。

さらに、荻生徂徠と同時代で、少し先輩の儒学者・**伊藤仁斎**がいます。彼は、**朱子**の解釈は間違っているとして、**孔子**本来の精神に立ち返るべく、『論語』『中庸』などの儒学の経典を文献学的に研究し、その解釈の誤りを実証的に示しました。その意味で、日本の文献学・書誌学の創始者にあたるといわれて

伊藤仁斎
一六二七–一七〇五。江戸時代前期の儒学者・思想家。

朱子
一一三〇–一二〇〇。中国・南宋の儒学者で、朱子学の創始者。

孔子
前五五一–同四七九。中国古代の春秋時代の思想家で、儒教の祖。

います。この人の研究も、清朝考証学の源流となっているのです（谷沢永一著『決定版 日本人の論語』一三一一四頁参照）。

このように、さまざまな思想を受け入れて、調和させるとともに、オリジナルの思想や技術を世界最高峰まで磨き上げてしまう「受容力」は、おそらく世界にない「オリジナルな力」といえるのではないでしょうか。

◇「幸福の科学的寛容論」を考える、七つの論点

ここまで、歴史的、現在的課題を踏まえて「宗教的寛容」の可能性を比較検討してきましたが、幸福の科学教学においてはどのような考え方が可能なのか、七つの論点から整理し、宗教対立解決への道を探ってみたいと思います。

〈1〉真理を知ることを通して偉大なる「寛容」の道に入る

「『知る』ということを通して、偉大なる寛容の道に入ろうとしている」と書いています（著者注：『真理文明の流転』第1章をさす）が、大事なことです。いま、宗教の対立があちこちにありますし、政治的にもいろいろな対立があります。やはり、知っていれば対立は起きないのに、知らないがために仲違いしたり戦いになったりするようなことがあります。

（中略）

私がこのように多様な教えを説いている理由は、「後世、そうした偏狭さによって、多くの人たちが争いで死んだりすることがないように。また、異民族、異人種と交わることによって、教えが交わっていっても、それが殺し合いなどにならないように」ということを考えてのことなのです。

『未来への挑戦』一六―二三頁

宗教間に対立が起こる原因は、「真理に多様性があることを知らず、異なった価値観を受け入れられないことから起きている」と幸福の科学教学では考えています。

『聖書』には、「真理は汝《なんじ》を自由ならしめん」とあります。まさにこの聖句の通り、ほんとうの真理（神仏の心）を理解することで、お互いを認め合い、受け入れることができるのです。その真実は、二一〇〇書（二〇一六年八月時点）を超える経典群によって、あきらかにされています。

〈2〉すべての面で最高を目指す

今回の新しい文明運動も、宗教と、高いレベルの文明とが、やはり一体化してやっていかなければならないだろうと思います。すべての面において最高を求めていく流れのなかで、実現していかねばならないこと

『未来への挑戦』一二五頁

だと思います。

「あとの者は先になり、先の者はあとになるであろう」（『新約聖書』「マタイによる福音書」第二〇章一六）という言葉があるように、後発のイスラム教は、ユダヤ教、キリスト教を取り込んでつくられましたが、結局対立して取り込めないでいます。この理由は、文明の落差があるからです。すなわち、現在は、キリスト教圏のほうが文明水準が高いので、後からきた者＝イスラム教が先にあったものを取り込めないでいるというのが現実です。

その意味で、「宗教的寛容」を実現するには、他を包摂《ほうせつ》できるだけの「高いレベル」の教え、文明・文化が必要となるわけです。これが、「すべての面で最高を目指せ」の意味と言えます。

〈3〉排他性ではなく、ユニークさを浸透させていく

宗教においては、その正しさを広げたいという意欲が、行動の原理であり、飛躍の原理であり、布教の原理でもあるわけですが、「排他性」というものに対しては極めて慎重でなければいけないと思います。そもそも、「自分のところは正しい」と思うからこそ、伝道の熱意が起きるものですが、そのときに一歩踏みとどまって、「排他性」となるのではなく「ユニークさ」と捉えて、自己を律してゆくことが大事なのです。

『宗教の挑戦』四〇頁

右記の視点は、歴史の教訓から十分に学んだ智慧だと言えると思います。信仰が強くなるほど、排斥性も強くなりがちです。その結果が宗教対立とその悲劇です。したがって、ここでは、「排斥するのではなく、ユニークさを浸透さ

せる」という観点を示しているわけです。この視点から自己規律するのです。

企業が「差別化戦略」を取ることによって自社ブランドを確立し、発展しているように、ある意味で正当な企業論理＝競争原理を持ち、「人びとを幸福にできるものをいかに提供できるか」という切磋琢磨《せっさたくま》をすることで、真によい宗教は残り、それ以外は淘汰《とうた》されていくでしょう。こうした「ユニークさの浸透」をしていくなかに、排他的ではない行動の原理があるのです。

〈4〉違いばかりにとらわれず、共通に流れるものを真剣に見つめる

いろいろな宗教を見るにつけても、その違いばかりに囚われてはなりません。そのなかに流れる共通なるものは、いったい何であるのかを、もっともっと真剣に見つめていって、その奥に、仏の偉大なる計画を見抜いていかねばなりません。このようなマクロ（巨視的）の考え方を持

つことによって、初めて世界がひとつになることができます。

『宗教選択の時代』二一五－二一六頁

幸福の科学教学では、「長く残っている宗教や多くの人びとの心を揺さぶってきた宗教には、仏の心が反映されている」と考えています。つまり、その宗教は普遍性があり、共通のものを持っているのです。その黄金の糸を見抜くことは、寛容さの基礎となるものです。

また、どのような宗教を見るに際しても、人びとの支持を受けているもののなかには、必ず一片の真理を含んでいると考えるので、頭からすべてを否定する姿勢とは異なります。

〈5〉霊言集と幸福の科学の支援霊団に見る「寛容性」

霊言集に対する当会の姿勢は、「当会の基本的な考え方はこうですが、それとは別の考え方を持っている高級霊もいるので、その霊言を参考までに読んでみてください。彼らのような考え方もありうるでしょう。しかし、当会は、そうした考え方も知った上で、それより高度な見解をとっているのです」というものです。

これは将来、幸福の科学を中心にして、キリスト教のような迫害、すなわち、異端者を十字架にかけたり、異教徒を殲滅したりするようなことが起きないための防波堤として、異質な考え方が存在する余地を残してあるのです。「最も優れている教えはこれだが、方便的な教えとしては、こうしたものもありうる」と言っておくことは、一種の寛容さなのです。

『「信仰と愛」の論点』四二－四三頁

この寛容性の背後には、五〇〇名以上の支援霊団、指導霊団がいると言われています。これは、かつてない規模です。ここには、あらゆる宗教の根源の方々が入っています。これが、幸福の科学の「寛容さの根源」の一つなのです。

〈6〉仏の慈悲としての「七色光線」

七色はすべて仏教的な慈悲の光線が分かれた姿であり、その仏の慈悲のなかで、それぞれの個性を持った高級霊たちが働いているのです。

今後、全世界の人びとが、それぞれの個性の多様性を認めながら融合的に発展していくためには、幸福の科学の思想が全世界に広がる必要があります。幸福の科学の教えが広がることによって、全世界の人びとは、民族の独自性、宗教や思考の特性を生かしながら、共通の基盤を持って発展していくことが可能になるのです。

幸福の科学の教えが全世界に広がるまでは、その途中で、伝統的な宗教との摩擦や、宗教同士の争いが起きるかもしれません。しかし、最終的には宗教戦争がなくなる方向に行くでしょう。少なくとも、高級霊同士の争いはなくなる方向に持っていきたいと思っています。

『信仰論』一四六－一四七頁

「仏の七色光線」とは、さまざまな宗教、思想には、各々の価値観の違い、役割があるが、それらはすべて、仏の慈悲の顕れであるということを示した教えです（図表）。これによって、仏教もキリスト教も、イスラム教も唯一なる仏によって降ろされた教えであることが理解でき、融和できるのです。

すなわち、七色光線の教えを持つ幸福の科学の出現によって、人類ははじめて、共通の基盤を持ち、民族、宗教の独自性を生かしながら、融合しつつ発展できると言えます。

図表

仏の七色光線

仏の七色光線	光線の働き
黄色	法の色であり、教えの要素が非常に強く出ている。仏教がこの光線下にある。
白色	愛の色。救いを中心とした色。キリスト教、医療系などが、この光線下にある。
赤色	正義色。法戦を示す。法を護るための戦い。政治系などはこの光線下にある。
紫色	礼節、秩序を重んじる色。儒教、日本神道がこの光線下にある。
青色	思考、理性の色。思想、学問、哲学がこの光線下にある。
緑色	調和、自然色。老荘思想などは、この光線下にある。
銀色	科学の色。近代の科学技術なども、この光線下にある。

『信仰論』第五章「真理の言葉・正心法語」講義参照

〈7〉反省と祈りの実践

寛容と許しをほんとうに知るためには、反省と祈りを知らなければなりません。反省をしたことのない人、祈りを経験したことのない人は、ほんとうの意味での寛容と許しが分からないのです。

『ユートピア創造論』七三頁

結局、ほんとうの寛容さ、許しの心の根源には、人間心を超えた天使の心、仏の心があります。

ゆえに、ほんとうの「寛容さ」「許し」の心が生まれるには、天使の心、神の心と一体となるための「反省」「祈り」の実践なくしてできないと言えるでしょう。

以上、七つのポイントを挙げてみましたが、これらの寛容性を示す教えが、〝宗教の違いを乗り越える調整機能〟と考えられるのではないでしょうか。

そして、これを機能させるために必要なことが、幸福の科学の教えを知っていただくこと、学んでいただくこと、受け入れていただくこと、信じていただくことなのです。

◇人類への信仰の試し、魂修行としての「寛容論」

一神教の信仰形態を取るユダヤ教・キリスト教・イスラム教の教徒たちは、信条として、このような〝異教〟の存在を肯定し、その信仰観、教えを受け入れることはできないというかもしれません。

それは、自己のアイデンティティ及び自らが属する共同体を否定することになると思うからでしょう。しかし、先にも触れた同志社大学のバーバラ・ブラウン・ジクムンド教授は、多元性は、信仰に対する裏切りでもなく妥協でもないとして次のように述べています。

イエスは、差異のあるすべての人間を神は受け入れると説いています。クルアーンもまた、アッラーは人類をただ一つの民族にすることもできたのだが、そうはしなかったとムスリムに教えています。アッラーは人類を多くの種族や民族に分かち、お互いがよく知り合うことができるようにしました。意見の相違にもかかわらず共通の真実を模索するように人類を試しているのです。

バーバラ・ブラウン・ジクムンド「日本での生活は、いかに私の一神教理解を変えたか」

『一神教学際研究（JISMOR）別冊』四頁

すなわち、「宗教的寛容性」とは、「意見の相違にもかかわらず共通の真実を模索する」ことであり、「人類に対する神の試し＝共通に課せられた神の子としての修行である」と理解することが必要ではないでしょうか。この試しに打ち克ってこそ、私たちは真実の人間として目覚めることができ、憎しみ、不信、疑い、対立を乗り越えて、真の平和への道、新しい地球文明の道に到ることができるのです。

ここに挙げた幸福の科学教学の「宗教的寛容性」の論点は、その道を指し示す、地球人類が共存共栄していくための大いなる修行指針とも言えるのではないでしょうか。

大川隆法総裁は、法話「夢の未来へ」において、キリスト教とイスラム教がお互いを理解し合い、対立、憎悪を克服していく方向性を次のように明確に示されています。

キリスト教の世界に生きている人たちよ。
私が、「天なる父」として、イエス・キリストを通じて説いた教えは、
愛と平和であったはずである。
今のキリスト教国の人たちは、
愛と平和の教えをもとにして、生き、行動しているか。
もし、そうでないならば、反省しなさい。

イスラム教国の人たちにも申し上げたい。
私が、ムハンマドを通じて伝えた教えは、
平和と寛容の教えであったはずだ。
今、あなたがたがやっていることは何であるか。
神の名の下《もと》に、世界中でテロ行為を起こし、
罪のない人たちを巻き添えにしている。

そこに、いったい、いかなる人類の幸福があるのか。
それは、単なる復讐であり、憎しみであり、報復であるはずだ。
憎しみによって、憎しみを止めることはできない。
憎しみの連鎖は、愛によって断ち切らなければ、終わることがない。
その事実を知らなくてはならない。

『国家の気概』一八八－一九〇頁

キリスト教もイスラム教も、本なる心は一つであり「同じ」です。つまり、この「本なる心」を知ることが、宗教的寛容性の基礎であり、宗教の違いを理解し、調整する力なのです。

「天なる父」が、イエスに伝えた真理は「愛と平和」です。アッラーがムハンマドを通じて伝えた教えとは、「平和と寛容」の教えです。この教えの原点に、お互いが立つことができれば、クリスチャンであっても、ムスリムであっても、仏教徒であっても、手を取りあうことができ、世界は一つになることができるのです。この真実を、次章で探っていきたいと思います。

（注）ユダヤ教に対抗して特別な集団を形成していた、サマリア地方の人びとを指す。サマリア地方は、紀元前9〜前8世紀における北イスラエル王国の首都のあった地のこと。前721年（中略）アッシリアの各地から集められた人々がサマリアに移住し、自分たちの宗教とイスラエルの宗教とを混交したものを信じた。そのことからユダヤ人はサマリア人を正統信仰から離れたものとみなし、交わりを絶った。（市川裕著『ユダヤ教の歴史』「付録　用語解説」四頁）

第6章

神とは何か

――「開祖の悟り」の比較であきらかにする「正しい神概念」

どの宗教も自分のところを宣伝するのですが、
それが一神教的な考え方と結びつくと、
「自分のところだけが正しくて、ほかは間違っている」
というような考え方になりがちです。(中略)
対立の根本にあるのは、やはり神概念であり、
「神とは何ぞや」ということです。
キリスト教もイスラム教も一神教ですが、
一神教では、一つの神を立て、その神のために戦い、
ほかの宗教を異端・邪教と見て、潰そうとします。
これが延々と続いているのですが、
両方とも、神の名の下《もと》に戦っているのです。
このような問題を何とかして解決しなければいけないと
私は思っています。

『朝の来ない夜はない』189-190ページ

◇「神概念」の研究は、ノーベル平和賞級の人類のフロンティア的課題

「こうした宗教間の相克が宗教研究の主要テーマとなるとは考えられていなかった」

日本の宗教学界の第一人者・島薗進氏《しまぞのすすむ》（東京大学大学院人文社会系研究科名誉教授、後掲書執筆時は同教授）は、二〇〇五年に開催された「第19回国際宗教学宗教史会議東京大会（ＩＡＨＲ２００５）」の全体討議をまとめた『宗教――相克と平和』（島薗進他編、一頁）のなかで、二〇〇一年に起きた九・一一事件以前の二〇〇〇年七月に行われた第18回同世界大会を述懐して、このように述べていました。

確かに、あの事件を契機に、宗教の対立・相克が、私たちの日常の生活を脅かす危険性がより身近なものになったと言えます。とくに被害を受けたアメリカでは、「自由対テロ」を標榜しつつも、事件以来、空港でのチェックが厳しくなったり移民排斥を訴える声が高まるなど、アメリカの象徴である〝自由〟が制限されていく、という皮肉な結果を生んでいます。

九・一一事件直後、大川隆法総裁は、いち早く、この事件の真相は「キリスト教文明とイスラム教文明の二大宗教文明の激突」にあること、これは、世界の平和を乱す二一世紀最大の課題となることを指摘しています。その本質にあるものが、冒頭の引用にある「神概念」の問題なのです。

その意味で、宗教間の相克を乗り越え、対立を克服する「神概念」──「神とはなんぞや」ということを研究することは、人類全体の課題とも言える「世界平和」を実現するためのフロンティア的課題です。ノーベル平和賞級の重要テーマともなるのではないでしょうか。

◇「神概念」の混乱が、無神論を誘発している

フランスの思想界で注目され、宗教専門誌「ル・モンド・デ・ルリジオン（宗教の世界）」の編集長であるフレデリック・ルノワール氏は、『聖書』のなかの神はあまりに人間的すぎることで、近年ますます信じられなくなりつつある面があること、また、ユダヤ教・キリスト教・イスラム教の一神教が定着させた、「時として暴君的『全能なる父』としての『神』のイメージ」は、「西洋人信者には、ますます受け入れられなくなりつつある」ことを指摘しています（フレデリック・ルノワール著『人類の宗教の歴史』三三〇‐三三七頁参照）。

第1章では、おもに日本に定着している「無宗教」の問題に触れましたが、キリスト教国でも無宗教層の増加が見られますし、これは宗教離れから神離れへという無神論・唯物論が広がる温床《おんしょう》ともなっていると考えられます。その意

Chapter 6

味で、いわゆるセム的一神教（注）と言われるユダヤ教・キリスト教・イスラム教の神概念、なかでも暴君的、祟り神的性質の面が、無神論を誘発している面もあるのではないでしょうか。

また、第2、3章でも指摘してきたように、一神教の暴君的、祟り神的性質を持った民族神が、地球神や全知全能の創造主と混同されている点にも、無神論が台頭してくる要因があると言えます。

たとえば、古代からあった「一神教（ユダヤ＝キリスト教）即無神論」説です。これは、「一神教の唯一神が世界の万物を創造したのなら、悪の存在をどう説明するのか。神が、悪を妨げられないとしたらそれは神ではない。神が悪を含めた創造主であるという前提は成り立たなくなる」という説です。（竹下節子著『無神論』二七–二八頁参照）

「神と悪」の問題はキリスト教神学でも重要なテーマで、「神義論」と言われます。「神義論」とは、「この世に悪が存在するにもかかわらず、神は正しく正義である」ことを示そうとする議論、つまり、悪があろうとも神は全能であり、完全な善であることを証明しようとする試みで、**ライプニッツ**がはじめにこの言葉を用いたと言います（弁神論とも言う）。

「神義論」で有名なのは、アウグスティヌスの説です。アウグスティヌスは、こう言います。「神の善性及び愛は完全であり、神は悪や苦しみに対する責任を持たない。悪は自由意志の人間の乱用によって引き起こされた善性の退廃であり、人間の意志の悪の性質は原罪によるものとされ、アダムとエバの罪が人間の意志を堕落させた。したがって、神に罪はなく、善であり、悪に対する責任を持たない」と。キリスト教神学の原罪論に依拠した考え方を示しています。

近代になると、学問の自由を求めて、キリスト教神学の呪縛から離脱し、神を否定する知識人たちが現れてきます。たとえば、フランスの百科全書派の中心人物であるディドロや、哲学者・ニーチェなどです。しかし、ヨーロッパで、初めて神を否定した人物は、学者ではありませんでした。

ゴットフリート・ライプニッツ
一六四六－一七一六。ドイツの哲学者、数学者。

ヨーロッパで最初に無神論者を名乗ったのは、なんと本物の司祭だったのです。ジャン・メリエという神父で、「神性が存在する可能性をことごとく否定し、物質的なものだけが実在であると主張した」と言われています。

ジャン・メリエは、すべての神々と宗教は虚妄《きょもう》であることを、八つの証明の柱を立て論じています。ただし、生前には批判を恐れて発表せず、死後に伝わるように「覚書《おぼえがき》」「遺言書」というかたちでまとめています。（フレデリック・ルノワール他著『神』一九七頁／ジャン・メリエ著『ジャン・メリエ遺言書』参照）

大川隆法総裁は、「神と悪」の問題について、次のように説かれています。

悪の存在というものは、世界の宗教を通してみると、やはり、いろいろなところで問題になっているわけです。不正、悪、許すべからざること、いろいろなことが起こります。「神様がいるのに、こんなことがなぜ起きるのだろうか」ということは、人間が持つ共通の疑問なのです。その疑問に答えられないと、無神論や唯物論が出てくるのです。ですから、それに答える理論を持っていなければなりません。

『「宗教の挑戦」講義』八三－八四頁

そして、この問題に答え切るには、そもそも「神とは何か」という根本テーマに迫らなければならないのです。

◇神とは何か

アルバート・アインシュタインは、「神を信じていますか」と尋ねられた時に、

「あなたは神という言葉で、何を言おうとしているのですか。それを教えてもらえたら、私が信じているかどうか答えましょう!」と返答したと言います。

確かに、本書でも世界の代表的宗教を概観してきたように、神には無数の顔があります。つまり、神という概念が飽和状態にあって、その混乱が宗教間の対立や「神は死んだ」(ニーチェ)という積極的無神論をも生んでいる面があります。

哲学者の**ハンナ・アーレント**は、その本質を見事に言い当てています。

「神は死んだと言われるが、決してそうではない」

「おそらくそれは、人類が何世紀もの間抱いてきた神観では、もはや誰も納得しなくなったということだろう。何かが死滅したとしたら、それは神ではなく、神についての伝統的な考え方が、ただ通用しなくなっただけではないか」

(フレデリック・ルノワール他著『神』二九〇-二九一頁/ハンナ・アーレント著『精神の生活(上)』一二三頁)

ハンナ・アーレント

一九〇六-一九七五。ドイツ出身の政治学者・哲学者。全体主義分析を中心に、ナチズム、スターリニズムの根源を突き止めた。

たとえば、神についての考え方には、

◇一神論：創造主のみを神とする

◇多神論：複数の神の存在を認める

◇汎神論《はんしん》：すべての物体や概念・法則が神の顕現であり神性を持つ、あるいは神そのものであるとする世界観・哲学（万物に神性が宿るならば神性の有無を論じるのは無意味となるとして、無神論に分類されることも稀にある）

◇理神論：宇宙を秩序立てる創造者原理の存在は信じるけれども、預言者や聖典を通して人類に啓示された人格神は信じない

という立場などがありますが、どれも多様な神概念を包摂・統合できないでいます。

では、こうした神概念の矛盾・混乱を解決し、新しい時代に通用する神概念とは何でしょうか。幸福の科学教学で示されている「神概念」で整理・説明し

Chapter 6

てみたいと思います。

〈1〉神には多義性がある

神とは何かという質問に対する、私の現時点での考えを述べてみましょう。まず、神という言葉自体を、世界を創った造物主（英語では the Creator「ザ・クリエイター」）と、そうでないものとに分ける必要があります。

キリスト教では、よく「父と子と聖霊」と言っています。そして、聖霊の部分を神と言う場合もあれば、子すなわちイエス・キリストのことを神と言う場合もあるし、父の部分だけを神と言う場合もあります。

一般に、広義における神は、上下《かみしも》の上《かみ》、すなわち、通常の人間より上位にある霊的存在としての神だと言えます。したがって、広い意味では、聖霊の部分をも神と称するわけです。

『永遠の法』一一六頁

キリスト教の「三位一体説《さんみいったい》」については第3章でも触れましたが、「唯一なる神」と「イエス・キリスト」「聖霊」の関係について、神学上は実に複雑な議論がなされています。キリスト教神学の門外漢《もんがいかん》の人間からみると、説明を聞けば聞くほどよくわからなくなってくる面があります。

しかし、右の引用部分にあるように、霊的真相から見ればシンプルに理解できます。すなわち、唯一なる神、父にあたる「造物主」と、聖霊にあたる「高級諸霊」を含む神の定義があるのです。「上下の上、すなわち、通常の人間より上位にある霊的存在としての神」とは、日本神道の考え方にもあり、たとえば、国学の大成者である本居宣長は、『古事記』を解釈した『古事記伝』(三之巻・神代一之巻)のなかで、「迦微(カミ)」という字で、カミ(神)について説明しています。優《すぐ》れた徳を持った者を神、それ以外の非人格的神霊を「カミ」とし、両者を含めて「迦微」としています。（本居宣長撰『古事記伝（一）』一七二―一七三頁）

優れた徳を持った者とは、たとえば「古事記」に登場する、「○○命《みこと》」と言われるような古代の神々や偉人的存在です。これは、「上＝神」説に近く、神話学でも、「エウヘメリズム＝神を過去の偉人の伝説化した姿とする説」と言われます。

このように、狭義の神＝究極の存在としての根本仏（創造主・造物主）と、広義の神＝優れた徳を有した人格神の両者を含んだ考え方が「神」なのです。

〈2〉神にもレベルの違いがある

「上」の神もさまざまです。「広義の神」としては、あの世の六次元光明界の上段階以上、すなわち仏教に言う「阿羅漢《あらかん》」の悟りを持ち神格を持つ存在（諸天善神など）も含まれ、多数存在しています。

さらに、幸福の科学教学で説明している霊界構造をみれば、神々はすべて同じ霊格ではなく、レベルの違いがあることもわかります。たとえば、七次元菩薩界には約一万九千、八次元如来界には五〇〇、九次元宇宙界には一〇体が存在し（『太陽の法』『永遠の法』参照）、人類を陰日向《かげひなた》なく導いていると言われています。（図表1）

地上時代に有徳で、小さな地域の神のようになった存在は、六次元上段階クラスへ還ることが多いです。**マザー・テレサ**などのような、神への信仰と人びとの奉仕を中心に愛の生涯を生きたような偉人には、七次元菩薩界の方が多いようです。さらに、**プラトン**や**アリストテレス**のような、人類全体に影響を与えたような偉人は八次元如来界の神です。釈尊やイエス・キリストのような、いわゆる救世主としての存在は、九次元の神となります。

マザー・テレサ
一九一〇-一九九七。カトリックの修道女。インドのコルカタを中心に奉仕活動に従事した。

このように、正しく神概念をつかむには、幸福の科学教学に示されるような霊界構造を知ることからはじまります。これらについては、大川隆法総裁の数多くの理論書、また、霊界の実証としての四〇〇書を超える公開霊言シリーズ（二〇一六年八月時点）であきらかにされています。

〈3〉仏と神の違い

三大一神教（ユダヤ教・キリスト教・イスラム教）は、神とは目に見えない存在であるとし、地上におりた人間は神と

図表1

幸福の科学教学の「神概念」

○神にもレベルの違いがある。
○6次元上段階（阿羅漢の悟り）あたりから神格をもった神存在がおり、高次元にいる高級神霊を神と呼んでいる。

次元	神々の存在
9次元	救世主
8次元	如来
7次元	菩薩
6次元上段階	諸天善神

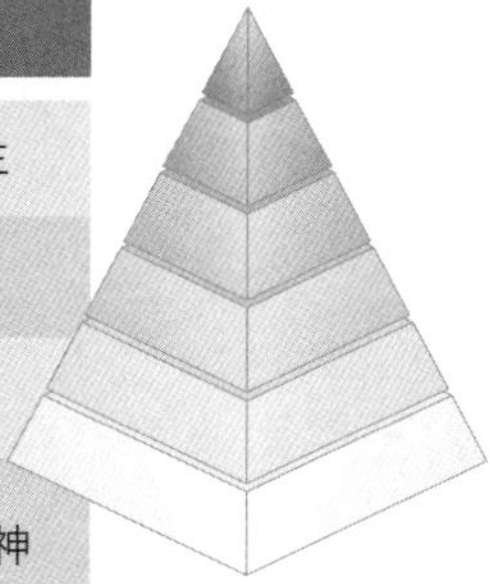

は認めていません。

この点、とくにイスラム教は徹底しています。イスラム教徒は、「アッラーは偉大なり」と言いますが、ムハンマド自身、「自分は神ではなく預言者であり人間である」ことを強調し、人間はすべて神のもとに平等であると考えているのです。

これらに並ぶ世界宗教の仏教には、神概念とは別の「仏」という概念があります。すなわち、「神というのは、目に見えぬ存在として霊天上界にあって、地上に出てこないものであるけれども、仏というのは、地上に出てきて、現に人間修行をしながら、悟りによって人間ならざるものになったものである」(『宗教の挑戦』二〇五頁)という考え方です。

これを見て西欧の宗教学者たちは、仏教は神を否定する「無神論」であると解釈しています。とくに仏教にいう「天上天下唯我独尊《てんじょうてんげゆいがどくそん》」という言葉をとりあげて、釈尊への信仰は生きた人間を崇拝することだとするのです。

プラトン
前四二七頃-同三四七。古代ギリシャの哲学者。ソクラテスの弟子で、アリストテレスの師にあたる。

アリストテレス
前三八四-同三二二。古代ギリシャの哲学者。諸学問の基礎をつくったといわれる。

しかし、「天上天下唯我独尊」の言葉は、釈尊が生きながらにして神々を指導する立場に立った（仏陀になった）ことを意味しているのであって、「神々の存在」を否定しているわけではないのです。
こうした仏と神の違いを知ることも、神概念を正していく論点です。

〈4〉天使人類

さらに、地球系霊団創設時に、至高神エル・カンターレが人霊を創造された時の天使人類（菩薩、如来）も、幸福の科学教学では広義の神に分類しています。

そして、まず、発達した金星人の霊的生命体を使って、地上人間の創造が試みられました。そこで、エル・カンターレは慈悲と智慧の光を増幅させて、九次元界に巨大な光球を創り出しました。そしてこの光球

天上天下唯我独尊
生後すぐに釈尊が七歩歩き、上と下を指さして言ったとされている言葉。その真意は、釈尊は地上にありながら天上界にある高級諸霊よりも深い悟りを得たという意味。

に金星人として最高度に発達した人霊を送り込み、再生のパワーを与え、やがて小さな光に分割し、地球起源の八次元以下の表《おもて》の光の指導霊たちを何百体か創造しました。そして彼らに個性を与えるため、九次元パワーの総力を挙げて地上に物質化現象を起こしました。(中略)

初めての人類が、五人、十人、百人、そして五百人と、続々空中より出現した時、彼らを二つの集団に分け、右半分の集団には、金星人の智慧と勇気の光を投げかけ、左半分の集団には、同じく金星人の優美さ、優雅さの性質を帯びた光を投げかけました。こうして人類の男性と女性が分かれました。彼ら、彼女らが、後にギリシャ系、あるいは仏教系の諸如来、諸菩薩、観音などとなった、高度に進化した魂を有する人類だったのです。

『太陽の法』五六ー五七頁

このように、もとから神としてつくられた霊的存在もいます。

〈5〉魂修行によって、神へと進化した存在

また、平凡な人霊としてスタートしたもののなかから、地球での魂修行をくり返すことによって人類救済・幸福化の実績を積み、菩薩・如来にまで進化して神格を得た魂もいます。

はじめてこの地球で誕生した魂であっても、ずいぶんと進化した魂はおります。転生輪廻をくりかえすたびに、四次元から五次元に、五次元から六次元に、六次元から七次元にとつぎつぎと進化をとげた優秀な魂がおります。（中略）

現在、八次元如来界では、五百名近い諸如来がおり、七次元菩薩界では、

転生輪廻
人間の本質は霊であり、あの世からこの世に何度も生まれ変わっているという思想。

約一万九千名の諸菩薩がおります。地球で、はじめて八次元如来となった方は、百三十名。七次元菩薩界へと入った方は、七千名ほどです。

『太陽の法』九五－九六頁

これは、修行によって誰でも悟りを開く可能性を持っており、仏に近づいていけるという「縁起の思想」「仏性の思想」をはっきりと裏付けています。

〈6〉高度に進化した宇宙人

そして、日本神道に言う「天《あま》津《つ》神《かみ》」、すなわち神格を持ち、他の星から地球にきた存在も神に含まれます。**神《かむ》産《む》巣《す》日神《ひのかみ》**の霊言では、次のように語られています。

神産巣日神
日本神話では「造化の三神」の一柱とされる。

天津神系統は、主として、その根源を宇宙に求めることができる神々です。要するに、古代においては、今流に言えば、「宇宙人」と言われる方々が神となったケースは数多くございますが、国津神《くにつかみ》系統は、人間として生きているときに神となった方々と考えられて結構かと思います。

『須佐之男命・神産巣日神の霊言』六四頁

幸福の科学教学の最大の特徴は、地球人類の歴史を超えた「宇宙の法」があることです。地球の文明よりはるかに進んだ星から来た宇宙人は、太古の人類から見れば、まさしく神と思われる能力を持っていたでしょう。

このなかには、宇宙の秩序や進化のために、地球人類の進化を見守っている存在も数多くいることが、大川隆法総裁の「**宇宙人リーディング**」によって判明しています。こうした方々も、地球における神的役割を果たしているのです。

宇宙人リーディング
過去世に宇宙人の経験を持つ人の宇宙時代の記憶を呼び出し、語らせる手法。

◇すべての神が全知全能の存在ではないことを知る

このように、神と言っても、これだけの概念があります。したがって、唯一神教的な神概念で包摂《ほうせつ》することは、そもそも不可能なのです。

宗教においては、一神教の時代が、ここ二千年から三千年ぐらい続いているので、「一神教は純粋だが、一神教以外のものには濁《にご》りがある。混ざりものがある」というように考える傾向が出てはいます。

ただ、一神教でも、「普遍的な神としての、全人類を愛する神」であるならばよいのですが、「一民族だけを護る特殊な神」を、他の民族にも「信じろ」というのであれば、ある種の民族が、他の民族をすべて支配できることになってしまうでしょう。そのため、「これは合理的ではな

Chapter 6

い」と考えるわけです。

この問題について、幸福の科学では、「神様にもレベルはある。民族神というレベルがあるのだ」と教えています。

要するに、その国の人々を豊かにし、富まし、正しく導く「民族神」という存在があり、いろいろな国に民族神がいるのです。

そして、それらの国のなかで、特に発展し、国力が上がってきたところ、つまり、「列強」といわれるような国が、三つ、四つ、五つと増えてくると、国力の繁栄と同時に、神様がたも、「どの教えが、より人類を幸福の彼岸《ひがん》に導くことができるか」ということで、文化的な摩擦《まさつ》、および競争が起きてきます。やがて、それが度を超した場合には、戦争が起きてくるわけです。

『正義の法』二七九－二八〇頁

では、「神」の多様性をどのようにとらえれば、こうした対立を克服することができるのでしょうか。

すでに、民族神と創造主の混同が、偏狭な信仰観や排他性、攻撃性を生んでいることをくり返し言及してまいりました。神と言われる存在すべてが全知全能というわけではないという点を押さえることが必要なのです。

〈1〉神には力の差がある

第一に、「能力（霊格）の違いによる力の差がある」という厳然たる事実があります。いちばんクリアにあらわれる違いは、民族神とグローバルな役割を持った神、あるいは全人類を愛する普遍的神です。

たとえば、ユダヤ教の神ヤハウェは、イスラエル、ユダヤ民族のみを導いている「民族神」です。また、日本神道にある氏神《うじがみ》、産土神《うぶすながみ》のように小さな地域の神も存在します。したがって、小さな地域の神、民族神、グローバルな神、創造主によって、神の力に差があり、とくに民族神は造物主ではないことを知ることが、宗教対立を克服する方法です。

〈2〉神には役割の違いがある

第二は、同じような力を持つ神であっても、得意分野や仕事の役割に違いがあります。本書第5章で述べたように、救世主の世界に住む九次元大霊にも七色の光線の違いなどがあり、各々が違う役割を持たれています。さらに、八次元如来界以下では、その光の性質の違いがさらに細分化されています（詳しくは『太陽の法』『永遠の法』参照）。

◇預言者と救世主

さらに、預言者・救世主・仏陀の違いから、「神の違い」について探ってみます。

宗教家というものは、「神そのもの」であるか、「神のそば近くにあるもの」です。「オールマイティー・ゴッド〔Almighty God〕（全知全能の神）」としての「ワン・ゴッド〔One God〕（唯一神）」ではないかもしれませんが、その神に比肩される、「ア・ゴッド〔a God〕」に当たる、神々のなかの一人です。

それは、神近き高級神霊、あるいは大天使や天使、あるいは、仏教的には、如来や菩薩といわれる、仏に近い存在です。「神」と「仏」をほぼ同義に使いますが、宗教家は、「そうした最高レベルの、この地球で人々を育んでいる精神存在のそば近くにある人たち」です。本物の宗教家とは、そういうものだと思うのです。

『人間学の根本問題』三二―三三頁

「神のそば近くにある人たち」には、大きく言って二パターンがあります（前掲書、三三―三四頁参照）。一つは、神の側から選ばれ、現れてくる人です。これが、「預言者」と言われる人です。たとえば、『旧約聖書』には、イザヤやエレミヤなどの有名な預言者が数多く登場します。

預言者エレミヤの活躍が示された『旧約聖書』にある「エレミヤ書」を読むと、ある日突然、神であるエホバの声がエレミヤに臨《のぞ》んだといいます。（第一章五）「われ汝《なんじ》を腹につくらざりし先に汝を知り、汝が胎《たい》を出でざりし先に汝を聖め別ち、汝を立てて万国の預言者となせり」

このように、いきなり声を聞いて預言者に任命されているのです。だから、エレミヤは非常に戸惑い、私は幼き者（未熟な者）なのでできません、と断っています。そして、押し問答の末、エホバがその手をエレミヤの口に入れ、こう言います。

「見よ、われ我が言を汝の口に入れたり」

これでお前を預言者に任命したと言うわけです。その後もエレミヤは、自分がはたしてその器なのかどうかと、人間としての葛藤をくり返しながら成長し、預言者としての使命を果たしていきます。（矢内原忠雄著『余の尊敬する人物　続余の尊敬する人物　キリスト者の信仰Ⅷ』他参照）

さらに、預言者としての言葉のなかに、悩みや苦しみ、あるいは、民族や国民が遭遇している苦難から人びとを救うようなものがあったならば、「救世主」と呼ぶことも数多くあります。たとえば、モーセやイエスは、その後数千年の人類の歴史に影響を与え、たくさんの人たちに魂の救いをもたらしました。こうした方は預言者と同じように神の声を聞き、仕事としては救世主の使命を果たしているというわけです。

では、預言者と救世主を分ける悟りとは何でしょうか。大川隆法総裁は、「救世主の悟り」を次のように指摘されています。

救世主というのは、「われは、それなり」と、自分で言うものなのです。過去を見ても全部そうなのです。「自分が、それである」ということをみんな言っています。あとは、それを周りが認めるかどうかなのです。先に、他人様《ひとさま》が認め、指名してなるようなものではなくて、「われは、それなり」と、みんな、自分で悟って言っています。そうした人が救世主なのです。

『人間学の根本問題』一一七頁

確かに、イエスも、「われはそれなり」と言っています。

釈尊も、菩提樹下《ぼだいじゅげ》で悟りを開いたあと「私は覚者となった」とはっきり言い、以前山林で一緒に修行をしていた五人の仲間に「友よ」と呼びかけられたところ、「私はもはや悟りを開いたのだ。如来に向かって『友よ』と呼びかけてはならない」と言っています（『悟りの挑戦（上巻）』二六－二七頁他参照。ただし、後述するように、釈尊は預言者型ではない）。

このように、「われは、それなり」という自覚が、救世主の悟りの一つなのです。

◇仏陀とは何か

もう一つのパターンは、「仏陀」です。

仏陀の場合、そういう「神から選ばれた者として送られた」という考えがまったくないのです。最初の「天上天下唯我独尊」もそうですし、悟りを開いて仏陀（目覚めたる者）になってから以降もありません。（中略）その意味で、仏陀は、「神に選ばれた者」というわけではなくて、やはり「悟りを開いた者」だったのです。

『人間学の根本問題』一一二―一一六頁

釈尊は、修行によって悟りを開いています。仏陀の悟りの特徴は、「天上界の神々の世界をも突き抜けて存在するもの」（『人間学の根本問題』一二〇頁）で、「天上天下唯我独尊」なのです。ここが、預言者型とは違います。

◇開祖の悟りを比較する

ここまで神に違いがあることや、預言者・救世主・仏陀の違いについて分析してきました。これをさらに個別具体的に探ってみようというのが「開祖の悟りの比較」です。

通常の学問的文献では、悟りの尺度がわからないので、この比較は至難の業《わざ》だと思いますが、大川隆法総裁の説かれる経典群には、この比較材料がふんだんにあり、結論も明快です。

〈1〉「仏陀の悟り」と「イエスの悟り」

そこでまず、仏教の開祖である仏陀と、キリスト教の開祖であるイエス・キリストの悟りの比較から整理してみましょう。
仏陀については、修行して悟りを開き、天上界の神々よりも高い悟りを得ていたことを、前項でも述べてきました。
この仏陀の悟りと比較し、イエス・キリストの悟りはどのように位置付けられるのでしょうか。

イエスを分析してみても、『新約聖書』を読むかぎり、この人に「悟り」としての要素があるかどうかという面については、十分に読み取ることはできません。(中略)
「要するに、悟りを開いてキリストになった」というわけではないのです。

『人間学の根本問題』三五―三六頁

イエスが、「父と子」という表現をしているように、あきらかにイエスよりも霊格ないし霊位の高い霊存在が天上界にいることがわかります。それに対し、仏陀の悟りは、「天上天下唯我独尊」ですから、天上界にも仏陀より高い存在はいません。神々の上に立つ釈尊の霊格そのものは、イエスの霊格より高かったと推定できるのです(『宗教の挑戦』二〇九－二一〇頁)。

〈2〉「モーセの悟り」と「イエスの悟り」

では、キリスト教の母体であるユダヤ教のモーセと、先ほどのイエスの悟りはどのように比較できるでしょうか。

モーゼの場合には、政治的、あるいは軍事的な思想をそうとう強く持っておりましたから、この世的な勝利という意味では、確かにイエスよりも優れている点が多いと思います。
イエス自身の地上での伝道期間は、最大見積もって三年半、短かければ一年半と言われていますが、助走期間を入れても、だいたい三年前後しか教えは説いていないでしょう。イエスにおいては、この伝道期間の短かさ、そして処刑されたことなども考慮に入れなくてはなりません。

『宗教の挑戦』二二四頁

たとえば、モーセはヘブライの民を率いて「出エジプト」に成功し、その後**ヨシュア**などの後継者によってイスラエル王国の建設を実現しています。一方、イエスは、「神のものは神に、カイザルのものはカイザルに」という言葉に代表されるように、この世の政治世界と宗教世界を二分して、愛の教えによって、心の王国を築くことを中心としています。また、道半《なか》ばの三三歳にして十字架にかかっています。

ヨシュア
『旧約聖書』の「民数記」や「ヨシュア記」に登場するユダヤ人の指導者。

この世的に見れば、モーセは成功し、イエスは成功しなかったと見えるでしょう。

しかし、その後の宗教としての発展を比較すると、モーセのユダヤ教はいまだ一四〇〇万人ほどの信者にとどまり、民族宗教のままです。キリスト教は、ユダヤ教を超えて世界宗教となり、二二億人の信者を有するまでに成長しました。

すなわち、政治的な手腕、あるいは実現力においては、イエスはモーゼに及ばなかったけれども、その文学性および感化力において、普遍性を持って全世界の人びとの心の襞《ひだ》のなかに分け入ることができたわけです。

『宗教の挑戦』二一五頁

以上を総合すると両者には甲乙《こうおつ》付けがたい面があったと考えられます。

〈3〉「イエスの悟り」と「ムハンマドの悟り」

現在、宗教対立がもっともはげしいキリスト教とイスラム教についても、比較してみましょう。

『新約聖書』を読むと、イエスは「天の父」の声を直接聞いて、父の考えを人びとに示し、神の業を見せていることは明瞭です。たとえば、「あなたがたが聞いている言葉は、わたしの言葉ではなく、わたしをつかわされた父の言葉である」(「ヨハネによる福音書」第一四章二四)といい、イエス自身を「父の右に座りたるもの」と自ら語っています。

ムハンマドの場合は、これも有名な話ですが、ジブリール(ガブリエル)から通信を受けたというかたちになっています。ジブリールは通信役の天使ですから、神(アッラー)から直接に霊示を受けられていないことは、はっきりしています。

客観的に比較するならば、ムハンマドは、イエスと比べて少し霊格としては落ちるのではないかと言えます。(『「宗教の挑戦」講義』八〇-八一頁参照)『大天使ガブリエルの霊言』では、ガブリエル自ら、次のように述べています。

◇ムハンマドは「霊言」をする時に、失神状態で行うミディアム(霊媒)としてのやり方だったため、救世主的自覚が湧いてこなかった(晩年には自覚的にできるようになったという)。

◇「最大にして最後の預言者」という「預言者」の立場にこだわって、「救世主」という立場には立たなかった。

前掲書、四三-四五頁参照

『太陽の法』によれば、実際の霊格として、イエスは九次元宇宙界という救

Chapter 6

世主の世界に、ムハンマドは八次元如来界（光神霊界）にいることが判明しています（『太陽の法』二二七頁参照）。

〈4〉「釈尊の悟り」と「孔子の悟り」

東洋を代表する教えである仏教と儒教についても比較してみましょう。

釈迦は、この「仏になれる」という思想をインドで説いたわけですが、孔子は、中国に降りて「聖人の道」を説いたと考えてよいでしょう。孔子は、「どのように生きれば聖人になれるか」というようなことを説きました。（中略）

「聖人君子《せいじんくんし》」と言いますが、孔子はこれについて考えていたのであり、言い方は違いますが、ある意味では、釈迦と少し似ているかもしれません。

両者とも、「人間の完成への道」を説いていたことでは同じです。

『孔子の幸福論』一八−一九頁

右の引用には、釈尊と孔子の悟りの共通部分が説かれています。つまり、両者とも、「人間完成への道」を説いていたということです。では、悟りのレベルとしては、どのように比較できるでしょうか。

『論語』の有名な一節に、「怪力乱神《かいりきらんしん》を語らず」「未だ生を知らず、いずくんぞ死を知らんや」などの言葉がありますが、霊的世界に対する言及はほとんどありませんでした。ここが、儒教は宗教ではないと指摘される所以《ゆえん》です。

『太陽の法』『黄金の法』『永遠の法』など、幸福の科学のさまざまな経典には、孔子は、九次元の救世主の世界にいる偉大な神霊であることが示されていますが、霊的悟りを比較したならば、孔子は釈尊にはるかに及ばないことはあきらかでしょう。

このように比較していくと、世界的な宗教の開祖の悟りの違い、序列が明確になります。仏陀（釈迦）、イエス・キリスト、モーセ、孔子は、それぞれ九次元といわれる地球の最高霊域に存在しますが、仏陀の悟りのほうが、その他の九次元神霊より高いのです。そして、ムハンマドは、八次元如来としてその使命を果たしているということです。

こうしたことを具体的に示している宗教家は、大川隆法総裁以外にはおりません。

◇如来・救世主の違いとは何か

偉大な救世主や預言者と言われる方々でも、悟りには差があることがわかりました。では、どのようにして、その違いが生まれているのかについても、幸福の科学教学によって整理してみます。

如来としての格の違いを決める尺度が三つあると言われています。

人間として如来を見たときに、「如来の条件は、いったい何か」ということを考えてみると、次の基準をあげることができるでしょう。（中略）
魂の「高さ」「深さ」「広さ」の三つの総合点が、実は、如来としての格を分けるものになります。

『復活の法』二〇一―二〇四頁

〈1〉「高さ」に違いがあること

高さとは、悟りの高さであり、言い換えれば「認識力」の違いです。神の代理人としての「如来」「大如来」と言われる方に共通していることは、「同時代の人たちが見えないところまで見渡せる」という意味において、「認識力」の高さが突出している点です。如来としての愛の実践は、人類史にそそり立つ偉人としての愛を体現することにありますが、この高さがあるために、のちのちまで、その生き方が、精神が、思想が残り、多くの人びとの魂の糧となっているのです。

〈2〉「深さ」に違いがあること

如来たちのなかでも、深さには違いがあります。

深さとは、「実践行為を通じて、どれだけ多くの人を感化し、どれだけ多くの人に影響を与えたか」という、感化力、影響力のことです。

『復活の法』二〇二頁

キリスト教は、世界で最大の信者数を有していますが、その理由は、イエスの愛の教えの感化力、影響力の強さにあると言えるでしょう。だからこそ数多くのキリスト者たちが、この二千年間、自らの命を顧みず、世界の奥地まで行って、連綿と伝道を続けたのです。

〈3〉「広さ」に違いがあること

八次元世界は、仏の根本法が、いろいろなかたちで説かれる世界であり、仏の心が、ある程度、分かってくる世界です。そういう意味で、如来界は法の世界であり、いろいろな教えが埋蔵されている世界なのです。

『復活の法』二〇二―二〇三頁

つまり、この広さとは、「多様性の認識」です。

これらの三つを比較すると、預言者、救世主と言われる神々にも違いが出てきます。たとえば、釈尊とイエスをこの三つで比較してみた場合を、大川隆法総裁は、次のように指摘しています。

「地上に生きていたときに、どこまで認識していたか」という、認識力の限界、悟りの限界を比べてみると、釈尊のほうがイエスよりも高いと言えるのです。

ただ、深さの面、すなわち、感化力、影響力で見ると、イエスの場合、深さはかなりのものがあります。あの強烈な伝道が、どれだけ人類の心を揺さぶったか、計り知れないものがあるのです。(中略)

しかし、多様な法の認識という意味の広さを見ると、釈尊のほうがイエスよりも上なのです。

『復活の法』二〇四－二〇五頁

このように、三つの基準、トライアングルのトータルの面積の違いが神としての格の違いとなります。この大きさは、指導力の大きさです。その意味で、神の違いとは、「指導力の違い」であり、これが神の格を分けるということなのです。

◇世界の宗教を統合する道

違いを違いのままにしておくだけでは、対立はなくなりません。対立を克服するには、これらの多様な概念を止揚《しよう》し、包括する「神概念」が必要です。

それは、「神々の上に、神々を統べる地球神、至高神が存在する」という認識です。

もちろん、霊存在もたくさんいますので、今も、彼らを指導している者もいれば、過去に指導した者もいて、それらに個性の違いがあった可能性はあります。しかし、「彼らを指導していた者の上にある〝オリジナル・ワン〟は、一人なのだ。同じなのだ」ということを、私は申し上げたいのです。

その〝オリジナル・ワン〟の「エルの神」（エル・カンターレ）の名の下《もと》に、やはり、和解し、調和し、共に暮らしていけるような話し合いをして、平和を築くべきだと思います。

『人間学の根本問題』一三二頁

最後に、もう一つ、知ってほしいことは、天上界には、高級諸霊と言われる数多くの指導霊がいますが、「幸福の科学は、単純な多神教ではない」ということです。

しかしながら、「神は一人だけであり、あとは全部否定する。偶像もすべて破壊せよ。われ以外に神なし」というような、純然たる一神教でもないのです。

「霊界には、神に近い存在、神格を持った存在が多数いることを認め、そして、それぞれにレベルの差があることを認めつつも、最終的には、エル・カンターレ信仰によって緩やかに全体をまとめている」というのが、幸福の科学の信仰の根本であるわけです。

『選ばれし人となるためには』二三二頁

宗教が民族を隔て、対立や争いを招いている、という考えはあるかもしれません。しかし、もう一段高い視点に立つことができれば、統合・止揚できるのです。それは、民族の枠を超え、「地球人としての意識」に目覚めることではないでしょうか。

幸福の科学教学では、「人間は尊い仏の子であり、永遠の生命を与えられて、さまざまな国に転生輪廻を繰り返し、時代や地域を変え、異なった環境に生まれることで新たな経験を積み、魂の進化を目指している」存在であると考えています。

つまり、「宗教の違い、肌の色の違い、言葉の違い、民族の違い」はすべて、私たちが地上で多様な魂経験をするための環境であり、「根本的な違いではなく、三次元における現われ方の違いにしかすぎない」（『宗教選択の時代』三〇五頁）ということです。

この〝現われ方の違い〟を、霊界思想と転生輪廻の思想によって乗り越え、民族の枠を超え、地球人としての意識に目覚め、憎しみを捨て、愛し合い、信じあうユートピアに変えていくことが、「地球神の世界計画」であり、「**神のマネジメント**」です。

すなわち、すべての宗教のもととなるオリジナル・ワン、〝地球神エル・カンターレ〟がおり、いつの時代も人類に慈悲を与え続けてきたことに目覚めることが、宗教による対立を乗り越えていく道です。そうした地球人として目覚めるキーを、「エル・カンターレ信仰」と言っているのです。

そして現代、神々の主である地球神エル・カンターレの本体意識が、大川隆法総裁として下生《げしょう》され、世界の宗教を統合し、人類の心を一つにする仏法真理を説かれています。

真実を知ることが、真の寛容に至る道です。それは、地球神とは何かを知ることです。これが、地球における「神とは何か」の意味であり、正しさの根源なるものなのです。

いろいろな地域に、いろいろな民族が住んでいるから、それぞれの人たちに合った、彼らを救える教えを下して、導いていきたいという気持ちを、仏は持っています。その愛が深いから、その愛が広いから、数多くの光の指導霊たちを地上に降ろしているのです。

『宗教選択の時代』一九三頁

本《もと》なる心は一つなのに、なぜ人間にはそれがわからないのだろうか──。

前掲書、一九一頁

違いが生まれるには、その背景や意味があります。その理由を知り、相手の立場を理解しようとする努力が、世界が平和的方向に進んでいく積極的な力となることは間違いないでしょう。くり返しになりますが、「神とは何か」の答えは、極端な一神教的信仰形態になく、逆に、多神教のみが真実という考え方のなかにも存在しません。

「中道」こそ真理である。

〝違い〟を排斥するのではなく、その共通のところを認めることである。

各々を敬いつつ、すべての教えのもととなる至高の神、主エル・カンターレ（地球神）のもとに、地球人の意識に目覚めること――これが、人間の自由を育み、お互いによき部分を認めあい、磨きあう「寛容」を育む精神となるのだと思います。相手がわかれば許せるようになります。「理解することは愛」なのです。

（注）ユダヤ教・キリスト教・イスラム教の各々の聖典が、ヘブライ語、アラム語、アラビヤ語というセム系の言葉で記されていることから、この三つの宗教を「セム的一神教」と呼ぶ。アラブ人、ユダヤ人、エチオピア人など、セム系の言語を用いる民族をセム族と言う。セムとは、『旧約聖書』に登場するノアの息子の一人シェムからきているという。

Chapter 6

あとがき

「宗教があるから争いがなくならない」という声を聞くことがあります。「では、宗教がなくなれば争いや戦争、殺戮がなくなるのか」と逆に問いかければ、どういう答えが返ってくるでしょうか。

宗教とは、人間に特有のものであり、信仰を中心に生活を営むことが人間と動物を明確に分けているものであることは、本文中でも述べてきました。信仰を持たない動物の世界は、自己の生存を最優先にする弱肉強食の世界です。ですから、人間が宗教や信仰を失えば、動物的生存のなかを生きることとなります。

古来、あらゆる宗教のなかで、他を慈しみ、自己保存欲を律していきなさいという「愛」や「反省」の教えが共通して説かれています。これらの教えが日々の輝かしい人間的生活を支え、地上での生存（魂修行）を成り立たせているからです。

しかし、そうした宗教の教えや信仰も、時代を経るにしたがって形骸化し、現代社会と不適合を起こしています。また、さまざまな宗教があることは本来、さまざまな人を一人でも多く救っていくための神仏の慈悲であったにもかかわらず、人間の理解の狭さから、互いに排斥し合い、憎しみが生まれています。まったく残念なことです。

本書は、「宗教とは善なるものであり、弘《ひろ》めるべきものである」という宗教本来の立場から、「宗教絶対必要論」を提示するとともに、旧《ふる》くなった宗教をイノベーションし、他を排斥するのではなく、世界の宗教を包括して新しい時代を拓く大世界宗教の出現を、微力ながら訴えたものです。その核は、大川隆法総裁があきらかにする地球神エル・カンターレと、これまでの宗教のスケールをはるかに超えた超グローバルな教えの存在です。これが「宗教対立」を克服し、人類が未来へと生存していくための鍵となるものであり、「幸福の科学的『宗教学』入門」として訴えたい本書の意味です。

〝入門〟とあるように、本書に盛られた仏法真理は、大川隆法総裁の説かれる膨大な教えのわずか一部分しか紹介できていません。本書をきっかけに、人類普遍の真理であり、地球を救う救世の法である幸福の科学の経典を真読していただくことを切に願う次第です。

最後になりますが、本書をまとめるにあたり、文献・資料収集にあたっていただいたHSUスタッフ、専門家の視点から貴重なアドバイスをいただいたHSUレクチャラー、プロフェッサーのみなさまに、心から感謝申し上げます。

二〇一六年八月八日

ハッピー・サイエンス・ユニバーシティ　プロフェッサー　金子一之

『宗教対立を克服する方法』主要参考文献

【大川隆法総裁著作】

『宗教の挑戦』、大川隆法著、幸福の科学出版（以下、同様）
『救世の法』
『宗教選択の時代』
『信仰告白の時代』
『朝の来ない夜はない』
『悟りの挑戦（上巻・下巻）』
『幸福学概論』
『宗教社会学概論』
『日本神道的幸福論』
『キリストの幸福論』
『孔子の幸福論』
『ムハンマドの幸福論』
『パウロの信仰論・伝道論・幸福論』

『仏教的幸福論』
『人間学の根本問題』
『理想国家日本の条件』
『神秘の法』
『不滅の法』
『真理文明の流転』
『悟りの原理』
『信仰のすすめ』
『無限の愛とは何か』
『悟りと救い』
『復活の法』
『釈迦の本心』
『沈黙の仏陀』
『繁栄の法則』
『永遠の生命の世界』
『真実への目覚め』
『愛、無限』

『幸福の法』
『大悟の法』
『正義の法』
『「人間幸福学」とは何か』
『国家の気概』
『ユートピア創造論』
『宗教立国の精神』
『幸福の科学とは何か』
『太陽の法』
『黄金の法』
『永遠の法』
『未来の法』

『君よ、涙の谷を渡れ。』宗教法人幸福の科学（以下、同様）
『「黄金の法」講義①』
『「黄金の法」講義』
『選ばれし人となるためには』

『アメリカ宗教事情』
『宗教文明の激突』
『インド、そして日本』
『この戦争をどう見るか』
『「信仰と愛」の論点』
『「幸福の法」講義②』
『「戒律とは何か」講義』
『大川隆法霊言全集』(第5・6・9・30巻)
『「幸福への道標」講義』
『「無限の愛とは何か」講義』
『伝道の心』
『「宗教の挑戦」講義』
『未来への挑戦』
『信仰論』
『「仏説・願文『先祖供養経』」講義』
『Be Positive』
『宗教としての包容力』

『「太陽の法」講義（改版）』
『「信仰告白の時代」講義』
『「信仰と愛」講義（改版）』
『愛、自信、そして勇気』
『「ヤハウェ」「エホバ」「アッラー」の正体を突き止める』
『大天使ガブリエルの霊言』
『須佐之男命・神産巣日神の霊言』

『父が息子に語る「宗教現象学入門」』、大川隆法・大川真輝著、幸福の科学出版
『スピリチュアル古事記入門（上巻・下巻）』、大川咲也加著、幸福の科学出版
『大川隆法の〝大東亜戦争〟論［下］』、大川真輝著、幸福の科学出版
「ユダヤの神の正体とは」「ザ・リバティ」二〇一五年二月号：通巻二四〇号、幸福の科学出版
「子どもの未来を開く潜在意識開拓法」「アー・ユー・ハッピー？」二〇一三年一一月号：通巻一一三号、幸福の科学出版

【その他の参考文献】
黒川白雲編著、『ＨＳＵテキスト５ 幸福学概論』、ＨＳＵ出版会

F．M．ミュラー著、『比較宗教学の誕生』、松村一男他監修、山田仁史他訳、国書刊行会、二〇一四年
F．M．ミュラー著、『宗教学入門』、湯田豊監修、塚田貫康訳、晃洋書房、一九九〇年
E．B．タイラー著、『原始文化』、比屋根安定訳、誠信書房、一九六二年
R．オットー著、『聖なるもの』、山谷省吾訳、岩波文庫、一九六八年
M．エリアーデ著、『聖と俗』、風間敏夫訳、法政大学出版局、二〇一四年
M．エリアーデ著、『世界宗教史』（全三巻）、筑摩書房、一九九一年
W．E．ペイドン著、『比較宗教学』、阿部美哉訳、東京大学出版会、一九九三年
池上良正他編、『宗教とはなにか』、岩波書店、二〇〇三年
長谷川慶太郎著、『世界が日本を見倣う日』、東洋経済新報社、一九八三年
松村一男著、『神話学講義』、角川書店、一九九九年
松村一男著、『神話思考――I 自然と人間』、言叢社、二〇一〇年
大林太良著、『神話学入門』、中公新書、一九六六年
福永武彦訳、『現代語訳　古事記』、河出文庫、二〇〇三年
小林秀雄著、『本居宣長』、新潮社、一九七七年
小林秀雄著、『本居宣長（下）』、新潮文庫、一九九二年
J．キャンベル著、『千の顔をもつ英雄〔新訳版〕上・下』、倉田真木＋斎藤静代＋関根光宏訳、ハヤカ

ワノンフィクション文庫、二〇一五年
J．キャンベル＋B．モイヤーズ著、『神話の力』、飛田茂雄訳、ハヤカワノンフィクション文庫、二〇一〇年
シュリーマン著、『古代への情熱』、村田数之亮訳、岩波文庫、一九七六年
B．ウィルソン著、『セクト――その宗教社会学』、池田昭訳、平凡社、一九七二年
芦田徹郎著、『祭りと宗教の現代社会学』、世界思想社、二〇〇一年
内村鑑三著、『基督信徒のなぐさめ』、岩波文庫、一九七六年
立花隆著、『天皇と東大（上）』、文藝春秋、二〇〇五年
脇本平也著、『宗教学入門』、講談社学術文庫、一九九七年
櫻井義秀＋平藤喜久子編著、『よくわかる宗教学』、ミネルヴァ書房、二〇一五年
石井研士著、『プレステップ宗教学』、弘文堂、二〇一一年
渡辺和子監修、『図解 世界の宗教』、西東社、二〇一三年
『世界の宗教　総解説』、自由国民社、二〇〇一年
加藤玄智著、『改訂　宗教学精要』、錦正社、一九六〇年
加藤隆著、『旧約聖書の誕生』、ちくま学芸文庫、二〇一一年
『聖書』、日本聖書協会、一九八七年
D．ヒューム著、『宗教の自然史』、福鎌忠恕＋齋藤繁雄訳、法政大学出版局、一九七二年

D．ヒューム著、『自然宗教に関する対話』、福鎌忠恕＋斎藤繁雄訳、法政大学出版局、二〇一四年
井筒俊彦訳、『コーラン』（全三巻）、岩波文庫、二〇〇九年
佐藤次高著、『〈世界の歴史　8〉イスラーム世界の興隆』、中央公論社、一九九七年
永田雄三＋羽田正著、『〈世界の歴史　15〉成熟のイスラーム社会』、中央公論社、一九九八年
杉勇他著、『岩波講座　世界歴史1』、岩波書店、一九六九年
大貫良夫他著、『〈世界の歴史1〉人類の起源と古代オリエント』、中央公論社、一九九八年
S．ロッシーニ＋R．シュマン＝アンテルム著、『図説　エジプトの神々事典』、矢島文夫＋吉田春美訳、河出書房新社、一九九七年
村治笙子＋片岸直美＋仁田三夫著、『図説　エジプトの「死者の書」』、河出書房新社、二〇一二年
近藤二郎監修、『決定版 ゼロからわかる古代エジプト』、学研パブリッシング、二〇一三年
S．フロイト著、『モーセと一神教』、渡辺哲夫訳、ちくま学芸文庫、二〇〇三年
M．ヴェーバー著、『古代ユダヤ教』（全三冊）、内田芳明訳、岩波文庫、一九九六年
M．ヴェーバー著、『プロテスタンティズムの倫理と資本主義の精神』、大塚久雄訳、岩波文庫、一九八九年
長谷川三千子著、『バベルの謎』、中公文庫、二〇〇七年
石田友雄他著、『総説　旧約聖書』、日本基督教団出版局、一九八六年
市川裕監修、『ユダヤとは何か。』、penBOOKS、二〇一二年

市川裕著、『宗教の世界史7　ユダヤ教の歴史』、山川出版社、二〇〇九年
菊池章太著、『ユダヤ教 キリスト教 イスラーム』、ちくま新書、二〇一三年
矢内原忠雄著、『余の尊敬する人物　続余の尊敬する人物　キリスト者の信仰Ⅷ』、岩波書店、一九八二年
矢内原忠雄著、『イエス伝』、角川書店、一九八五年
矢内原忠雄著、『矢内原忠雄全集　第十五巻』、岩波書店、一九六四年
池上彰＋増田ユリヤ著、『世界史で読み解く現代ニュース〈宗教編〉』、ポプラ新書、二〇一五年
臼杵陽著、『世界史の中のパレスチナ問題』、講談社現代新書、二〇一三年
船津靖著、『パレスチナ』、中公新書、二〇一一年
笈川博一著、『物語 エルサレムの歴史』、中公新書、二〇一〇年
笈川博一著、『古代エジプト』、講談社学術文庫、二〇一四年
保坂俊司著、『イスラームとの対話』、成文堂、二〇〇〇年
S. ハンチントン著、『文明の衝突』、鈴木主税訳、集英社、一九九八年
井筒俊彦著、『「コーラン」を読む』、岩波現代文庫、二〇一三年
井筒俊彦著、『イスラーム文化』、岩波文庫、一九九一年
伊東俊太郎著、『十二世紀ルネサンス』、講談社学術文庫、二〇〇六年
E. ゲルナー著、『イスラム社会』、宮治美江子＋堀内正樹＋田中哲也訳、紀伊國屋書店、一九九一年

浅野順一編、『キリスト教概論』、創文社、一九六六年
長窪専三著、『古典ユダヤ教事典』、教文館、二〇〇八年
岩下壮一著、『カトリックの信仰』、講談社学術文庫、一九九四年
A．E．マクグラス著、『キリスト教神学入門』、教文館、二〇〇七年
青野太潮著、『どう読むか、聖書』、朝日選書、一九九四年
渡部昇一著、『アングロサクソンと日本人』、新潮社、一九八七年
渡辺照宏著、『新釈尊伝』、大法輪閣、一九六六年
水野弘元著、『釈尊の生涯』、春秋社、一九八五年
『ブッダのことば』、中村元訳、岩波文庫、一九八四年
B．H．リデルハート著、『世界史の名将たち』、森沢亀鶴訳、原書房、二〇一〇年
菊池良生著、『戦うハプスブルク家』、講談社現代新書、一九九五年
ヴォルテール著、『寛容論』、中川信訳、中公文庫、二〇一一年
J．ロック＋D．ヒューム著、『世界の名著　27　ロック　ヒューム』、中央公論社、一九六八年
川下勝著、『アッシジのフランチェスコ』、清水書院、二〇〇四年
A．R．ウォーレス著、『心霊と進化と』、近藤千雄訳、潮文社、一九八五年
教皇ヨハネ・パウロ二世回勅『救い主の使命』、カトリック中央協議会、一九九二年
森孝一著、『宗教からよむ「アメリカ」』、講談社選書メチエ、一九九六年

鈴木董著、『オスマン帝国』、講談社現代新書、一九九二年
中村元著、『古代インド』、講談社学術文庫、二〇〇四年
森祖道+浪花宣明著、『ミリンダ王』、清水書院、一九九八年
R.N.ベラー著、『徳川時代の宗教』、池田昭訳、岩波文庫、一九九六年
吉川幸次郎著、『論語について』、講談社学術文庫、一九七六年
谷沢永一著、『決定版 日本人の論語』、PHP研究所、二〇〇五年
バーバラ・ブラウン・ジクムンド、「アメリカの一神教に関する諸問題」、『一神教の学際的研究』、同志社大学一神教学際研究センター、二〇〇五年
バーバラ・ブラウン・ジクムンド、「日本での生活は、いかに私の一神教理解を変えたか」、『一神教学際研究(JISMOR)別冊』、同志社大学一神教学際研究センター、二〇〇六年
小杉泰著、『イスラームとは何か』、講談社現代新書、一九九四年
J.シャルダン著、『ペルシア紀行』、佐々木康之訳、岩波書店、一九九三年
アウグスティヌス著、『アウグスティヌス著作集　第16巻』、片柳栄一訳、教文館、一九九四年
アウグスティヌス著、『アウグスティヌス著作集　第17巻』、片柳栄一訳、教文館、一九九九年
アウグスティヌス著、『アウグスティヌス著作集　第29巻』、赤木善光+泉治典+金子晴勇訳、教文館、一九九九年
石脇慶總著、「『原罪論』についての一考察」「南山宗教文化研究所研究所報」第4号、一九九四年

内田樹＋中田考著、『一神教と国家』、集英社新書、二〇一四年
島薗進＋ヘリー・テル＝ハール＋鶴岡賀雄著、『宗教――相克と平和』、秋山書店、二〇〇八年
橋爪大三郎著、『世界は宗教で動いている』、光文社新書、二〇一三年
本居宣長撰、倉野憲司校訂、『古事記伝（一）』、岩波文庫、一九四〇年
F.ルノワール著、『人類の宗教の歴史』、今枝由郎訳、トランスビュー、二〇一二年
F.ルノワール＋M.ドリュケール著、『神』、田島葉子訳、春秋社、二〇一三年
岸田秀＋三浦雅士著、『一神教VS多神教』、新書館、二〇〇二年
K.アームストロング著、『神の歴史』、高尾利数訳、柏書房、一九九五年
筒井賢治著、『グノーシス』、講談社選書メチエ、二〇〇四年
一条真也著、『ユダヤ教VSキリスト教VSイスラム教』、だいわ文庫、二〇〇六年
竹下節子著、『無神論』、中央公論新社、二〇一〇年
ジャン・メリエ著、『ジャン・メリエ遺言書』、石川光一＋三井吉俊訳、法政大学出版局、二〇〇六年
ハンナ・アーレント著、『精神の生活（上）』、佐藤和夫訳、岩波書店、一九九四年

著者＝ 金子一之（かねこ・かずゆき）

1964年生まれ。駒澤大学経済学部経済学科卒業。1990年より幸福の科学に奉職。幸福の科学指導局、支部長、書籍編集部、メディア文化事業局、ヤング・ブッダ渋谷精舎副館長、総本山・那須精舎館長などを経て、現在、ハッピー・サイエンス・ユニバーシティ プロフェッサー。主な著書に、『「自分の時代」を生きる』（幸福の科学出版）など、編著に『HSUテキスト1 創立者の精神を学ぶI』『HSUテキスト2 創立者の精神を学ぶII』、共編著に『HSUテキスト4 基礎教学A』『HSUテキスト8 基礎教学B』（いずれもHSU出版会）がある。

宗教対立を克服する方法

幸福の科学的「宗教学」入門

2016年8月30日 初版第1刷

著者 金子 一之

発行 HSU出版会
〒299-4325 千葉県長生郡長生村一松丙4427-1
TEL（0475）32-7807

発売 幸福の科学出版株式会社
〒107-0052 東京都港区赤坂2丁目10番14号
TEL（03）5573-7700
http://www.irhpress.co.jp/

印刷・製本 中央精版印刷株式会社

落丁・乱丁本はおとりかえいたします

ISBN 978-4-86395-824-1 C0014

HSUの魅力に触れる4冊

未知なるものへの挑戦

新しい最高学府「ハッピー・サイエンス・ユニバーシティ」とは何か

大川隆法 著

HSUの第1回、第2回入学式で創立者・大川隆法総裁がされた法話と、学生との質疑応答を収録。秀才は天才に、天才は偉人に育てるHSUの教育理念がわかる。

1、500円

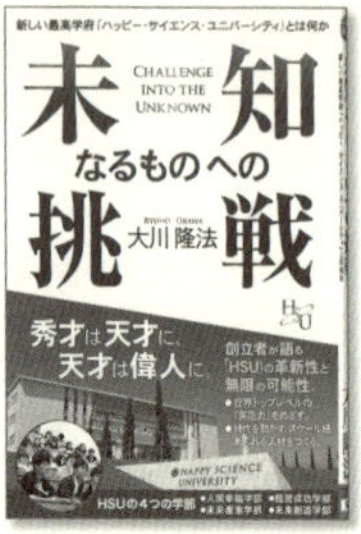

現代の松下村塾 HSUの挑戦

──開学1年 成果レポート

HSU出版会 編

HSUの宗教教育、語学教育に各学部の研究成果から、寮生活、学生の体験談、地元の声まで、等身大のHSUの姿をレポートしたビジュアルブック。

1、000円

HSU 未来をつくる授業

世界に貢献する人材を育てる

黒川白雲 編

「こんな授業が受けたかった!」毎回、終了時に拍手が起こるHSUの講義を、人間幸福学部、経営成功学部、未来産業学部から計6コマ収録。

1、100円

HSU生としての学習作法

大川真輝 著

全国の支部・精舎で頒布中　　定価3,000円(税込)

大学生になったらはじめに知っておきたい時間の使い方、履修の仕方やアルバイト、恋愛、将来の夢への考え方まで言及した、学生必携の一書。

価格は税別／いずれもHSU出版会

HSU 人間幸福学部テキスト

HSUテキスト５
幸福学概論
真なる幸福とは何か

黒川白雲 編著

心理学、経営学、哲学など従来の学問に「幸福の科学教学」を融合し、新しい「幸福学」の枠組みを提示。

HSUテキスト８
基礎教学B
『太陽の法』徹底マスターを目指して

今井二朗／金子一之 編著

超人気授業「基礎教学Ａ」に待望の続編。幸福の科学の基本経典『太陽の法』を習得するための仏法真理入門テキスト。

HSUテキスト10
教学の深め方
魂を輝かせる智慧の力

椛山英俊 編著

全学必修テキスト。幸福の科学教学の勉強方法をかみ砕いて解説。「教学論文への取り組み」「経典読破おたすけリスト」つき。

HSUテキスト14
応用教学A 『黄金の法』徹底マスターを目指して（西洋編／東洋編）

松本智治 編著

偉人の魂の傾向を知り、神の世界計画を学ぶことができる。世の歴史書にはない、深みある歴史を学べる一冊。生まれ変わりの最新情報を反映。

いずれも1,500円（税別）／HSU出版会

学部のご案内

人間幸福学部

人間学を学び、新時代を切り拓くリーダーとなる

人間の本質と真実の幸福について深く探究し、
高い語学力や国際教養を身につけ、人類の幸福に貢献する
新時代のリーダーを目指します。

経営成功学部

企業や国家の繁栄を実現する、起業家精神あふれる人材となる

企業と社会を繁栄に導くビジネスリーダー・真理経営者や、
国家と世界の発展に貢献する
起業家精神あふれる人材を輩出します。

未来産業学部

新文明の源流を創造するチャレンジャーとなる

未来産業の基礎となる理系科目を幅広く修得し、
新たな産業を起こす創造力と起業家精神を磨き、
未来文明の源流を開拓します。

未来創造学部

時代を変え、未来を創る主役となる

政治家やジャーナリスト、ライター、俳優・タレントなどのスター、
映画監督・脚本家などのクリエーターを目指し、国家や世界の発展、
幸福化に貢献できるマクロ的影響力を持った徳ある人材を育てます。

キャンパスは東京がメインとなり、2年制の短期特進課程も新設します（4年制の1年次は千葉です）。2017年3月までは、赤坂「ユートピア活動推進館」、2017年4月より東京都江東区（東西線東陽町駅近く）の新校舎「HSU未来創造・東京キャンパス」がキャンパスとなります。

入会のご案内

あなたも、幸福の科学に集い、
ほんとうの幸福を見つけてみませんか？

幸福の科学では、大川隆法総裁が説く仏法真理をもとに、
「どうすれば幸福になれるのか、また、
他の人を幸福にできるのか」を学び、実践しています。

入会

大川隆法総裁の教えを信じ、学ぼうとする方なら、どなたでも入会できます。入会された方には、『入会版「正心法語」』が授与されます。（入会の奉納は1,000円目安です）

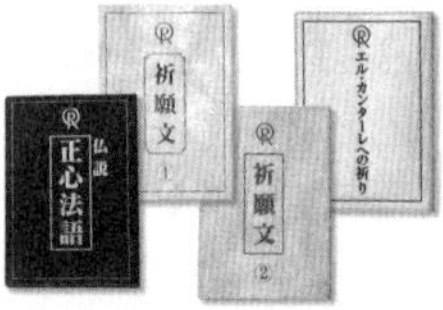

三帰《さんき》誓願《せいがん》

仏弟子としてさらに信仰を深めたい方は、仏・法・僧の三宝への帰依を誓う「三帰誓願式」を受けることができます。三帰誓願者には、『仏説・正心法語』『祈願文①』『祈願文②』『エル・カンターレへの祈り』が授与されます。

ネットからも入会できます

ネット入会すると、ネット上にマイページが開設され、
マイページを通して入会後の信仰生活をサポートします。

01 幸福の科学の入会案内ページにアクセス

happy-science.jp/joinus

02 申込画面で必要事項を入力

※初回のみ1,000円目安の植福（布施）が必要となります。

ネット入会すると……

●入会版『正心法語』が、ダウンロードできる。

●毎月の幸福の科学の活動トピックが動画で観れる。

INFORMATION
幸福の科学サービスセンター
TEL. **03-5793-1727**（受付時間 火～金：10～20時／土・日・祝日：10～18時）
幸福の科学 公式サイト **happy-science.jp**